図解でわかる　田園回帰1%戦略

Small Local Hub
「小さな拠点」をつくる

編著＝藤山 浩
共同執筆＝豊田知世・浦田愛

農文協

は じ め に
「小さな拠点」の大きな可能性

　中山間地域など人口減少に直面している地域では、小学校の統廃合やバス路線の廃止、JA支店や個人商店、ガソリンスタンドの撤退などによって、暮らしの基盤が失われつつあります。こうしたなか、複数の集落を含む生活圏において、住民が必要な生活サービスを受けられるような施設や機能を集約し、確保する取り組み＝「小さな拠点」づくりが行われるようになりました。

　この「小さな拠点」づくりは住民が主体となって、行政や各種団体と連携しながら全国に広がっています。私は2012年から2014年にかけて、国土交通省の委員として、「小さな拠点」のガイドブック作成やモニター地域の支援に関わってきました。その後、2015年から本格化した地方創生の取り組みのなかでも、「小さな拠点」は中山間地域における主要政策として位置づけられ、内閣府や各県が主催するシンポやフォーラムで数多くの講師を務めています。

　ただ、このように全国的な広がりを見せている「小さな拠点」形成の動きですが、けっしてその進化の歩みは「順風満帆」なものとはいえません。各種の調査によると、全体の数は増えているのですが、「なんちゃって」的な「小さな拠点」もよく見受けられます。また、「小さな拠点」づくりを進めているという県や市町村についても、本当に「小さな拠点」のことがわかっているのかなと疑いたくなるところがけっこうあるのです。

　本書『「小さな拠点」をつくる』では、数としては増えながらも「玉石混交」状況にある「小さな拠点」について、改めて未来の地域社会を支える新たな地域システムとしての大きな可能性を提示したいと思います。すなわち、「小さな拠点」がなぜ必要なのか、その背景からスタートして、「小さな拠点」の本質、トップランナーの取り組み、その具体的な展開例を見ていきます。さらに、交通や物流、エネルギー・シェアリングの展開の可能性や、計画や仕組みづくりのワークショップの進め方について実例をもとに示し、未来像も展望していきます。

　「小さな拠点」は地元＝末端の集落をたたんでしまうことではありません。私は、世界は無数の地元でできていると信じています。日々の暮らしを支える身近な地域社会から、生き物の「細胞」のように基礎的な循環の仕組みを創り直す時代なのです。そうした持続可能な地域社会の「核」こそ、これからの「小さな拠点」に期待される役割ではないでしょうか。

　未来に続く「小さな拠点」の大きな可能性の物語、ともに考えていきませんか。

持続可能な地域社会総合研究所

所長　藤山 浩

CONTENTS

はじめに——「小さな拠点」の大きな可能性 ·· 1

序章 「小さな拠点」はなぜ必要か？
—— 従来型の施設立地、交通・運輸ネットワークの限界　5

1　地元から生活を支える施設が消えていく——「縦割り」「バラバラ」では生き残れない ··············· 6
2　小規模・分散的な集落分布をどうカバーするか
　　—— 集落ごとにすべての施設を配置することは難しい ··· 8
3　分散的な施設立地と、分野横断の仕組みづくり ·· 10
4　交通体系もやはり「縦割り」「バラバラ」—— 人もモノも分野・部門別に「細切れ」輸送 ············· 12
5　郷の駅構想と「小さな拠点」の形成エリア—— それぞれの地元に定住と循環の砦をつくる ·········· 14

第1章 「小さな拠点」とは何か？
—— 国土交通省のガイドブックと内閣府の全国アンケートより　17

1　そもそも「小さな拠点」とは？—— 基礎的生活圏で暮らしを支える新たな仕組みづくり ·············· 18
2　「小さな拠点」づくりの手順とステップ—— 地域ぐるみの体制をどうつくるか ····················· 20
3　「小さな拠点」の続け方—— 持続可能な運営と明日につながる育て方 ···························· 22
4　「小さな拠点」の実態調査①—— 全国の形成箇所と都道府県、市町村における状況 ················· 24
5　「小さな拠点」の実態調査②——「小さな拠点」形成の対象範囲、地域運営組織、主な施設 ·········· 28
6　「小さな拠点」の進化に求められるもの
　　—— いままでの拠点と何が違うのか、これからどう進化すべきか ······························· 30
column　間違いだらけの「小さな拠点」—— 連結・循環・共進化で未来形へ ························ 32

第2章 「小さな拠点」の実践事例 PART1
—— 全国をリードする高知県の集落活動センター　33

1　「集落活動センター」とは？—— 高知県版「小さな拠点」の概要 ································· 34
2　「集落活動センター」誕生の背景と形成ステップ
　　—— 地域の実情や住民の思いを知るところから ··· 36
3　「集落活動センター」の推進体制——「縦割り」克服＋総合的補助制度＋県職員の現場駐在 ········· 38
4　「集落活動センター」のネットワーク化
　　—— 多様なセンター同士の学び合いから新たな進化と参入が生まれる ···························· 40
5　事例紹介①「大宮集落活動センターみやの里」
　　—— 住民で株式会社を設立し、「合わせ技」の拠点を運営 ·· 42

6　事例紹介②　**梼原町の挑戦**── ６地区すべてに「集落活動センター」が開所 ……………… 44

column　**全国をリード**── 高知の「集落活動センター」 …………………………………… 48

第3章 「小さな拠点」の実践事例 PART 2
── 農山漁村から都市・海外まで

49

1　沖縄の「共同店」──「小さな拠点」のルーツの一つ ………………………………… 50

2　秋田の「お互いさまスーパー」── 秋田県版「小さな拠点」の挑戦 ……………… 52

3　山口の「ほほえみの郷トイトイ」── 複合的な地域課題をつないで複合的に解決 …… 54

4　漁村の港は伝統的な「小さな拠点」── 生産、生活、文化が重なる空間 ………… 56

5　地域食堂を始めよう── 食が呼び起こす地域の絆、明石市の挑戦 ………………… 58

6　イギリス田園地帯のワンストップショップとパブ── 分散的居住へのイギリス的対応 … 60

7　イタリアの田舎の基本セット、広場とカフェでチャオ── 出会いと語らいのある空間 … 62

column　「小さな拠点」に地元食堂を ……………………………………………………… 64

第4章 「小さな拠点」のネットワーク学
── 拠点をハブに地域内外をつなぎ直す

65

1　人と荷物を同時に運ぶ── 貨客混載の社会実験 …………………………………… 66

2　「小さな拠点」をハブとしたシェアリング交通の効果
　　── 集落と「小さな拠点」をつなぐアワーカー・シミュレーション ………………… 68

3　「小さな拠点」を基点に何台をどう走らせるか？
　　── 全世帯カバーに向けたシミュレーションとワークショップ …………………… 70

4　実際に人は日常的にどのように動いているか？
　　── 邑南町道の駅の整備検討と連動した人とモノのフロー調査① ………………… 72

5　実際にモノはどのように運ばれているか？
　　── 邑南町道の駅の整備検討と連動した人とモノのフロー調査② ………………… 76

6　「小さな拠点」を基点にハブ＆スポーク構造を重ねる
　　── 一次生活圏でまず「合わせ技」の循環系をつくる …………………………… 79

第5章 「小さな拠点」の経済学
── 地域循環圏の核として

81

1　地域経済を支える「小さな拠点」の方法論
　　── 暮らしの実質を長い目で安心なものにしていく ……………………………… 82

2 地域のエネルギー消費と再生可能エネルギーの実態 ……………………………………84

3 「小さな拠点」に導入できる再生可能エネルギープラント ……………………………86

4 「小さな拠点」におけるエネルギー循環シミュレーション ……………………………88

5 シェアリング経済のコネクターとしての「小さな拠点」── 占有から共有への進化をつなぐ ………90

6 「合わせ技」効果と必要な「地域経営会社」── 分野横断の利益をマネジメントする ……………92

7 「小さな拠点」を取り巻く地元の「連結決算シート」
　　── 1,000人の地域でお金の流れを「棚卸し」してみる ………………………………94

column ドイツのエネルギー革命は本物 ……………………………………………96

第6章 「小さな拠点」の形成学
── 住民を主人公としたステップと手法　　　97

1 「小さな拠点」づくり10のステップ──「やる気づくり」「仕組みづくり」「人材づくり」……98

2 「地元関係図」で地域全体を見渡し、つなぐ── 組織・人材・資源・お金の流れを棚卸し ………100

3 まさに手づくり!「レゴ・ワークショップ」── コンサルタントに頼らないプランづくりのすすめ …102

4 「小さな拠点」ができるまで① 「川西郷の駅いつわの里」の計画づくり ……………………105

5 「小さな拠点」ができるまで② 「川西郷の駅いつわの里」の仕組みづくり ……………………109

6 「小さな拠点」ができるまで③ 「川西郷の駅いつわの里」完成と今後の展望 ………………112

第7章 「小さな拠点」の未来学
── 循環型社会の基本ユニットの「核」として　　　115

1 循環型社会における「細胞」の「核」へと進化
　　── 基本ユニット「循環自治区」の結節拠点として ……………………………………116

2 これからの重層的な循環圏のデザイン
　　──「循環自治区」「定住循環圏」「ブロック循環圏」の構築 …………………………118

3 都市にも新しい拠点が必要
　　── 地方都市中心部に「ハブ拠点」、郊外住宅地にも「小さな拠点」を ………………120

4 「小さな拠点」が共進化するマス・ローカリズム手法
　　── トップダウンからボトムアップ＆ネットワークへ ………………………………122

おわりに──「小さな拠点」は「共生」の拠点 ……………………………………………124

用語解説 ……………………………………………………………………………126

序 章

「小さな拠点」は
なぜ必要か？

従来型の施設立地、
交通・運輸ネットワークの限界

序章では「小さな拠点」がなぜ必要なのか、その背景を考えていきます。

過疎地域を中心に人口減少が進むと、いままでの「大規模・集中・専門」一辺倒の施設、店舗の立地や交通・運輸ネットワークのかたちでは、地域社会の暮らしを支えていけなくなっています。

中山間地域における分散的な居住に対応するために、分野を横断した複合的な機能・役割をもつ「小さな拠点」を、日常的な暮らしの舞台となる一次生活圏に形成することが必要となっているのです。

1 地元から生活を支える施設が消えていく
── 「縦割り」「バラバラ」では生き残れない

最近、中山間地域では、地元の暮らしを支えてきた商店やガソリンスタンド、小学校などの施設が急速に姿を消しています。その実情を明らかにしたうえで、背景を探ってみましょう。

人口減により地元から消えていく各分野の施設

表序−1は、島根県中山間地域において、複数の集落により形成される公民館区・小学校区などの一次生活圏について、教育や医療、商業などの分野にかかわる施設がどれだけの割合で立地しているかを人口規模別に集約したものです。なお、島根県では一次的生活圏を「郷（さと）」と名づけていますが（第5節参照）、その平均的な大きさは、2010年時点で、504世帯・1,370人であり、平均の集落数は14.7集落、高齢化率は38.4％です。公民館や個人商店などは、比較的小規模なエリアにもありますが、1,000人未満の小規模なエリアでは、ガソリンスタンドは消え始めており、介護施設も立地割合が半数以下となっています。また、中山間地域においても求める声が多いコ

ンビニエンスストアは、明らかに圏域人口2,000人以上に集中的に立地していることがわかります。

このように、中山間地域の基礎的な生活圏における施設は、教育、医療、商業といった分野ごとの「縦割り」型運営のままでは、確実に消えていきます。というのも、長年の人口減少とマイカー所有率の高まりを背景に、それぞれの業務分野ごとでは、事業継続に必要とされる顧客を地元で集めることが難しくなっているからです。

これでは、せっかくの田園回帰によりU・Iターンが増え始めても、地元での定住を支える基盤施設がすでに失われているという事態になりかねません。こうした傾向はやむを得ないことなのでしょうか。

表 序−1 島根県中山間地域における人口規模別の施設立地割合 （2012年度）

（％）

人口規模	小学校	保育所	診療所	歯科	大型店舗	スーパーなど	コンビニ	個人商店
～499人	23	11	34	2	0	4	0	54
500人～	59	54	53	22	3	29	11	80
1000人～	81	81	67	30	4	44	19	96
1500人～	89	68	79	43	4	39	21	96
2000人～	90	95	88	85	38	70	78	88

人口規模	ガソリンスタンド	集落営農	営農法人	介護施設	産直市	NPO	公民館
～499人	4	55	20	7	38	7	82
500人～	39	63	30	28	58	25	87
1000人～	67	63	30	56	48	30	89
1500人～	64	75	43	71	57	32	93
2000人～	93	60	28	93	73	68	100

※各分野施設の数字は、その施設が当該地区内に立地している割合（％）。■アミかけは立地率50％以上。データ集約は島根県中山間地域研究センターによる。

地方都市における施設立地の現状

実際に地方都市において行政や教育・医療施設、店舗などがどのように立地しているか、その現状をみてみましょう。

図序-1は、島根県雲南市（人口39,023人、2015年国勢調査）における状況です。中心部の市役所周辺には、各分野の大小さまざまな施設が集中的に立地していますが、周辺部ではまばらとなり、その種類も少なくなっていることがわかります。

図 序-1 雲南市における各種拠点の立地状況（2014年度）

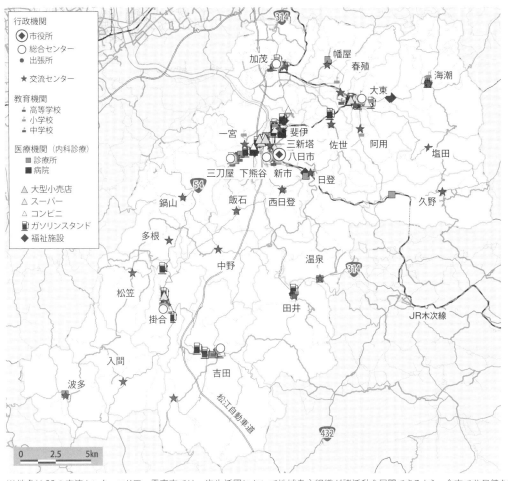

※ 地名は28の交流センターエリア。雲南市では一次生活圏において地域自主組織が諸活動を展開できるよう、全市で公民館を交流センターに組織変更した。また、六つの旧町ごとに、市役所の支所にあたる総合センターを設置している。
出典：国土交通省中国地方整備局・島根県中山間地域研究センター『高速道路等を踏まえた中山間地域構造分析調査』2014年
（以下、図序-3まで同）

ここがポイント！

車でどこへでも行けるというモータリゼーション前提の地域設計も、こうしたバラバラの拠点配置を生んでいる背景のひとつです。

2 小規模・分散的な集落のニーズをどうカバーするか —— 集落ごとにすべての施設を配置することは難しい

中山間地域の多くでは、小規模な集落が分散的に分布しています。したがって、集落ごとに生活に必要なすべての施設を配置することが難しい反面、あまりに中央部に施設を集約しすぎると、各集落からのアクセスが難しくなるというジレンマに悩むことになります。

小規模・分散的な集落ごとの人口分布

図序-2は、島根県雲南市における集落分布と人口規模を示したものです。大半の集落は100人未満であり、山の奥まで広く散らばっています。このため、それぞれの集落ごとに各分野の施設をそろえることは難しく、同時にその運営に必要な利用者数を広域的に確保しようとすると、どうしてもアクセスが困難な集落が市役所から遠く離れた縁辺部の地域にできてしまうのです。

図 序-2 雲南市における集落人口の分布状況（2014年度）

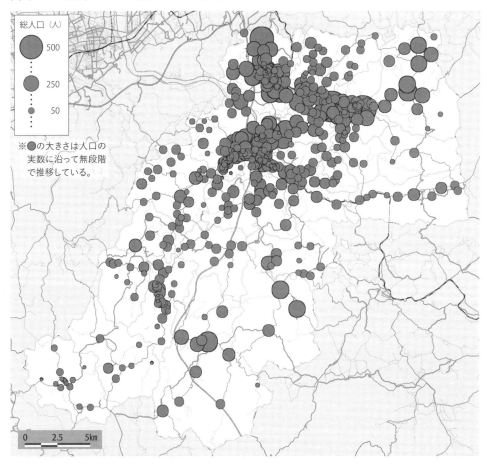

解決策としての複合的な拠点づくり

このような小規模・分散型居住が直面する課題を解決するためには、日常的な暮らしに必要な各分野の機能を兼ねそなえた複合的な拠点を適切な地域範囲に形成し、ちょっとした買い物や受診、介護などのケアのために遠距離を移動することがないようにすることが必要です。

たとえば、雲南市の場合、コミュニティ運営の基本単位となっている交流センターエリアごとに複合的な拠点を整備すると、自動車交通により10分以内で到達できる範囲内に集落人口の99％が含まれます。「小さな拠点」の発想は、こうした解決策の必要性から生まれています。

図 序−3 雲南市交流センターから10分到達圏エリア（2014年度）

ここがポイント！

分散的な居住形態においては、日常の暮らしに必要な施設へのアクセスの経路や距離が長くなりすぎないように、複合的な機能を備えた施設をつくり、需要を集約することが求められます。

3 分散的な施設立地と、分野横断の仕組みづくり

ここまで自治体全体の人口と施設立地について地図により分析してきました。ここでは身近な小学校区・公民館区などの一次生活圏において、施設立地の課題を考えてみます。どんな解決の方向が求められているのでしょうか。

問題の多い「縦割り」「バラバラ」の拠点配置

　日常生活に欠かせない施設が消滅していく要因とも考えられ、同時に地元（一次生活圏）における暮らしの利便性を損なっているものは、各分野の施設が縦割りでバラバラに立地していることです。

　図序−4は、島根県中山間地域のある一次生活圏における施設の立地状況を示したものです。国道のバイパス化による影響もあり、各分野の施設が分散的に立地しています。これでは、孫を保育園に送ったあと、診療所に薬を取りにいき、帰りに郵便局で年金を下ろし、商店街で買い物して帰るといった日常的な行動を考えてみても、いちいち数百メートルの移動をともなうことになります。

　このような「縦割り」「バラバラ」の拠点配置の弊害は、利用者側の不便にとどまりません。まず、各分野の施設が別個に運営されることにより、地域全体としてのインフラの整備・維持管理コストがふくれあがります。たとえば、給食サービスは、小学校だけでなく、保育所や高校、福祉施設でも必要ですが、それぞれ別個に調理施設を整備し、調理師を雇い、食材を仕入れるのでは、採算は当然悪化するでしょう。また、分野単独では1人役の仕事として成り立ち得ない施設が生まれ、営業日や時間が限定される、もしくは閉鎖に追い込まれることになります。また、これだけ立地がバラバラだと、地域内外の人々が顔を合わせる貴重な出会いの機会が大幅に減少することも懸念されます。

　このように各分野の施設の存続が困難になると、最近は行財政改革の名のもとに、矢継ぎ早に施設廃止が叫ばれることも多いでしょう。しかし、その結

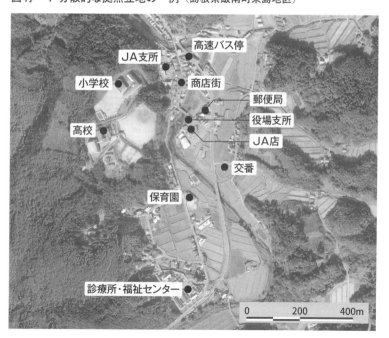

図序−4 分散的な拠点立地の一例（島根県飯南町来島地区）

果、暮らしと雇用を支える施設を失った地域の定住環境は、確実に悪化します。やはり、いままでの「縦割り」「バラバラ」の施設立地を超える新たな発想が必要なのです。

「小さな拠点」が「縦割り」「バラバラ」をつなぎ直す

　人口規模が小さくなると、縦割りの分野別の施設では、収益や利用率が低下して、個別に安定した雇用を持続することが難しくなります。自治組織や生活支援、公民館活動といったコミュニティ機能についても、それぞれ別個では必要な人材や資金を確保できなくなるでしょう。また、行政からの支援も分散化して、効果的な対応がとりづらくなります。このような「縦割り」「バラバラ」状況を放置して基盤となる施設や店舗がなくなれば、地域全体として雇用力が低下し、定住条件も悪化します。

　そこで、単独では持続性が見えない施設を連携し、共同で「合わせ技」の事業展開や雇用確保を図る新たな仕組み＝「小さな拠点」が必要となります。そうして地域ぐるみで確保できた雇用やサービスは、新たな人口定住の受け皿となるのです。

　「小さな拠点」による課題解決の本質は、このような分野を横断した「合わせ技」の仕組みづくりにあります。

図 序−5　現在の課題状況と「小さな拠点」による問題解決

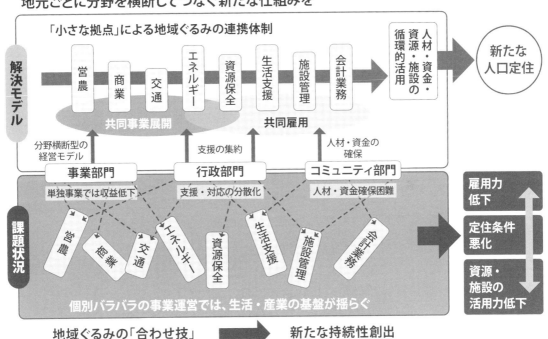

ここがポイント！

　「小さな拠点」は、分野を横断する「合わせ技」で、小規模な地域社会のなかに、新しい持続性を生み出そうとするものです。

4 交通体系もやはり「縦割り」「バラバラ」
── 人もモノも分野・部門別に「細切れ」輸送

「縦割り」「バラバラ」な状況は、交通体系も同じです。多くの地域で、人もモノも分野・部門別に「細切れ」にされて輸送されています。人口減で縮小した需要に対し、さらに細分化して対応するのですから、持続性・収益性が悪化するのは当然です。

3,000人のエリアで16部門、39台が「細切れ」輸送

　図序-6は、人口3,000人程度の自治区（合併した旧町）における旅客と貨物の輸送体系を一覧表にしたものです。旅客と貨物の種類ごとに細かく分断され、それぞれ個別の運営主体、運行主体、車両、運転手で運んでいます。部門ごとに初期投資や運行経費が別々に発生し、経費がかさむわりに細かく需要を分断するため、収益は低下してしまいます。全体として合計39台の車両と47人の運転手が動いているわけですから、けっして車両や運転手が絶対的に不足しているわけではありません。むしろ決定的に不足しているのは、全体最適を考える地域のマネジメントのあり方です。こうした「縦割り」「バラバラ」による弊害は、それぞれの運行時間帯を調べてみると、さらに明らかになります。

図 序-6　中山間地域の基礎的な生活圏における旅客と貨物の輸送体系

旅・貨	事業名等	運営主体	運行主体	車両数・車両規模	運転人員（配達人員）
旅	市営バス	××市 / 支所自治振興課	（有）○○	1台　29（車内の数字は乗車定員を示す）	1人
旅	スクールバス	教育委員会分室	（有）○○	1台　60	1人
貨	学校給食配送	教育委員会分室	（有）○○運送	1台	1人
旅	デマンドバス	定住対策課	（有）○○タクシー	1台　10	1人
旅	移送サービス	支所市民福祉課	社会福祉協議会	1台　4	1人
旅	路線バス	（株）○○交通		3台～　50 50 50	3人～ ×3～
旅	患者送迎タクシー	S医院		1台　10	1人
旅	通所デイ送迎	（社福）○○福祉会		5台　9×2 8 5 3	5人 ×5～
旅	通所リハ送迎	（社福）○○福祉会		8台　11 10×2 5 4×4	8人～ ×8～
貨	郵便配達／集荷	日本郵便		5台　×5（×4＋ ）	5人 ×5
貨	宅配便	○○運輸（株）		1台	1人
貨	市場集荷便	JA××××		1台	1人
貨	新聞配達	M新聞販売店 ほか		計7台　×7　専任型運転手	(15人) ×15(徒歩有)
貨	移動販売	○○商店		1台　兼任型運転手	1人
貨	生協	生活協同組合××		1台	1人
貨	卸売共同配送	（有）○○		1台	1人

※ 専任型運転手は当該運転およびそれにともなう業務を専ら行う者、兼任型運転手は他業務との兼任などにより当該運転のみを主たる業務としない者を指す。なお、（有）：有限会社、（株）：株式会社、（社福）社会福祉法人。
※ 島根県西部の中山間地域エリアで調査。島根県立大学連携大学院生・上野晃氏（2011年度修了）と藤山の共同研究による。

空白が目立つ各部門の運行時間帯

同じエリアで、前述の事業ごと、分野ごとの交通や輸送機関の運行時間を集約してみました（図序－7）。全体として、ずいぶん隙間が多いことに気づかされます。朝夕の短い時間帯だけ運行するバスがあります。福祉施設でも、朝と夕方だけ送迎しています。モノにしても、早朝、新聞だけを配って帰るとか、給食だけを１回持っていって持って帰るといった、極めて限定された時間内の運行が目立ちます。あまり効率のよくない、いわばもったいない運行の仕方をしていることがわかります。

本当はもっと分野を横断した束ね方が可能なはずです。たとえば、スクールバスで子どもたちを運んだあとは、デマンドバス[*1]や患者送迎タクシーに変えてお年寄りを運んでいくのです。その結果、同じ車両や運転手で一石二鳥、三鳥の仕組みができる可能性があります。モノにしても、新聞の配達をした帰りに、産直市場への野菜の集荷をするとか、いろいろな束ね方の可能性が見てとれます。

もちろん、巡回する経路には、旅客や貨物の種類により微妙な違いはあるでしょう。前節で述べたような施設立地の分散傾向も経路が長く伸びる原因になっているかもしれません。しかし、エリア全体で見れば、人にしてもモノにしても、世帯が集まっている集落と施設が比較的集まっている特定のゾーンを結べばいいわけですから、輸送経路の大半は重複しています。

つまり、運行の時間帯や対象エリアからも、もっと分野・部門間の輸送を束ねて複合化していく可能性が大いにあるということなのです。

図 序－7 中山間地域の基礎的な生活圏における旅客と貨物の輸送時間帯

	事業 ＼ 時間	5〜	6〜	7〜	8〜	9〜	10〜	11〜	12〜	13〜	14〜	15〜	16〜	17〜	18〜
旅客	市営バス		■	■						■	■	■	■		
	スクールバス			■	■								■	■	
	デマンドバス				■	■	■								
	路線バス		■	■	■	■	■	■	■	■	■	■	■	■	
	患者送迎タクシー				■	■	■	■	■	■	■				
	移送サービス					■	■	■	■	■					
	通所デイ送迎				■	■						■	■		
	通所リハ送迎				■	■							■	■	
貨物	郵便配達／集荷					■	■	■	■	■	■	■	■		
	宅配便						■	■	■	■	■	■	■	■	
	直売所集荷便					■	■	■	■	■	■	■	■		
	学校給食配送						■	■							
	新聞配達	■	■												
	移動販売						■	■	■	■	■				
	生協							■	■	■					
	卸売共同配送				■										

ここがポイント！

各部門が赤字だから運行打ち切りもやむをえないと考えがちですが、そもそも「縦割り」「バラバラ」となっていることが根本的な原因なのです。

*1：デマンド交通とは、利用者のデマンド（要望）を予約等を通じて集約し、エリア内の希望する行き先に車で運ぶ仕組み。定時運行の必要がなく、車も小型のものですむ。

5 郷の駅構想と「小さな拠点」の形成エリア
—— それぞれの地元に定住と循環の砦をつくる

筆者（藤山）は、「小さな拠点」づくりが提唱される前の2005年頃から、中山間地域の分散的居住を支える新たなハブ、広場としての結節機能空間を「郷の駅」と名づけ、その整備を提唱してきました。いまこそ、日常的な暮らしの舞台となる一次生活圏に定住と循環の砦としての「小さな拠点」をつくる時代です。

「郷の駅」構想 —— 新たな結節機能として中心広場をつくる

「郷の駅」は、域内外をつなぐ旅客・貨物のターミナル機能だけでなく、コミュニティ、行政、商業、金融、医療、福祉、教育など暮らしを支える施設がそろう複合的な拠点です。また、地域の玄関口（ゲートウェイ）として一元的な地域情報の集約や発信を行い、観光案内などに役立てると同時に、移住希望者への定住案内窓口の機能も果たすことができます。集落単位の取り組みを補完する広域的な営農や林業

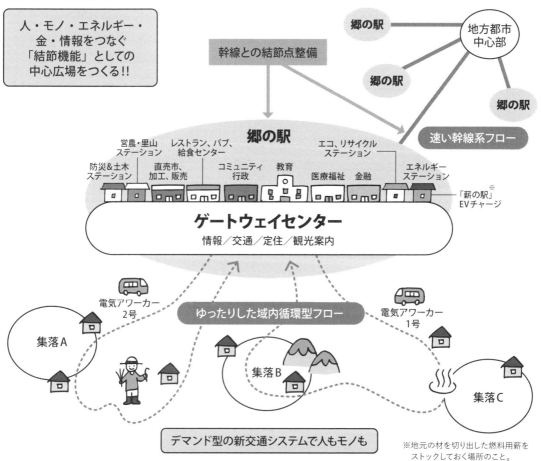

図 序−8 「郷の駅」構想イメージ

に関わるセンター機能をそなえることで、加工施設や直売市と連動して域内循環を促進し、教育や福祉施設への食材供給を行うこともできるでしょう。身近

な道路・河川について草刈りや簡単な補修などのインフラ維持管理機能を果たせるようになれば、災害時にも役立ちます。

「郷の駅」に期待される進化と五つの形成効果

今後の循環型社会に向けては、地域内の資源管理や域内のリサイクルを進めるエコステーションの機能も「郷の駅」に期待できます。そして、地域内のバイオマス資源や小型水力発電を活用するエネルギーステーション機能は、電気自動車のチャージ機能も含め、地域内のエネルギー自給と脱温暖化に大きな役割を果たすことでしょう。

また、同時に、「郷の駅」整備とセットで、域内の輸送システムも新交通システムに移行させるのです。電気自動車によりデマンド型の運行を行い、地域住民も農産物も新聞も同時に複合輸送を行います。もちろん、観光客が同乗することもOKです。

将来的には、購入・維持管理・ガソリン代に多大な支出を強いられるマイカーではなく、集落で共通のアワーカー（Our Car）をシェアリングするシステムに移行していくことを視野に入れてもよいでしょう。身近な地域ごとに「郷の駅」が整備されれば、最近導入が始まっている超小型EV（電気自動車）で自宅からアクセスするといった仕組みも有望となります。

このような「郷の駅」が形成されれば、小規模・分散性から生まれる中山間地域の条件不利性を緩和し、それぞれの集落に息づく多彩な自然と暮らしをつなぎ、地域内外でその豊かさを共有する定住と循環の基盤インフラとなり得ます。その具体的効果としては、次のような5点が考えられます。

ア、輸送フローの集約効果：各種拠点が併設され一度に用事をすませることのできるワンストップ効果が生まれるだけでなく、旅客・貨物の同時輸送など、輸送システムの複合化により効率化が飛躍的に進みます。

イ、複合的なマネジメントによる持続性効果：各分野の施設を集約することによりインフラの整備・維持管理コストが節減できるだけなく、分野単独では1人役の仕事として成り立ち得ない施設や機能についても、他施設の業務との複合雇用などにより新たな経営持続性が生まれます。

ウ、多分野連関による経済循環効果：地域内にこれまで失われていた各分野の産業や施設、機能が復活し、相互の連関性が高まると、地域内乗数効果により全体として所得・雇用が確保できます。

エ、出会いの場創出によるソーシャル・キャピタル醸成効果：分散的居住地域にとって貴重な地域内外の人々が自然に顔を合わせる出会いの機会が創出され、ソーシャル・キャピタル（社会関係資本）が醸成されます。[*2]

オ、地元循環圏構築によるエネルギー自給と脱温暖化効果：再生可能エネルギーを基盤とした地元循環圏の構築に寄与し、将来的にマイカー依存度を下げることから、二酸化炭素（CO_2）排出量を大きく低減できます。

「小さな拠点」は、複数の集落により構成される一次生活圏に形成

「郷の駅」のような「小さな拠点」をどこにつくるかは、重要な検討課題です。

まず、全国で10万近い集落すべてにつくっていく

ことは、多くの集落が小規模になり、単独では定住を支える活動や機能を担うことが難しい状況にありますから、現実的な選択ではありません。もちろん、

ブロックごとや島しょ部などの地域特性を十分考慮する必要があり、場合によっては独立性が高い集落へのサブ拠点的整備が求められるケースも当然ありますが、おおむね300人から3,000人程度の人口規模が対象エリアとして想定されます。

したがって、「小さな拠点」は、公民館区や小学校区といった一次生活圏に形成することが期待されます。そして、「小さな拠点」は医療や福祉、教育、商業、交通などの一次機能を分野横断で支え、人口定住の基本的な単位として機能させることです。そして、地域内の集落および地域外の都市拠点とのネットワークをつないでいく二重の結節機能の役割を担うのです。

また、本書の後半で提言するように、こうした「小さな拠点」によって改めてつなぎ直される地元エリアは、今後の次世代型の交通やエネルギーの一次循環圏としても設計・機能していくことになるのです。

図 序-9 「小さな拠点」をどこに形成するか？

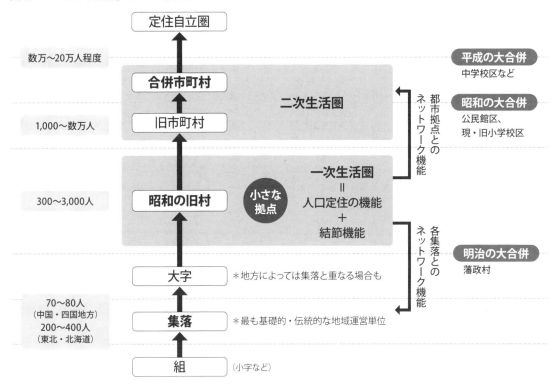

ここがポイント！

単に現在の課題状況への対症療法として「小さな拠点」づくりを考えてはいけません。今後の持続可能な循環型社会への転換も見通すなかで検討しましょう。

*2：地域における人々の信頼関係や結びつきを表す。ソーシャル・キャピタルが豊かな社会ほど、人々の協調行動が活発になり、社会の安心感や幸福感が高まるとされる。

第 **1** 章

「小さな拠点」とは何か？

国土交通省のガイドブックと
内閣府の全国アンケートより

「小さな拠点」とはどんなものなのでしょうか。

第1章では、「小さな拠点」の政策が生み出された国土交通省の検討会で編集された『「小さな拠点」づくりガイドブック』をもとに、そのねらいや仕組み、そして形成のステップなどに関する考え方を紹介していきます。また、内閣府が行った「小さな拠点」に関する全国アンケート調査の結果をもとに、「小さな拠点」の全国的な広がりや運営などの実態を探っていきます。

そのうえで、「小さな拠点」が目指すべき姿を考えていきます。

1 そもそも「小さな拠点」とは？
── 基礎的生活圏で暮らしを支える新たな仕組みづくり

「小さな拠点」という言葉は、2012年度に国土交通省国土政策局に設置された検討会から生まれました。2014年度末に編集された『「小さな拠点」づくりガイドブック（実践編）』の内容をもとに、「小さな拠点」に関する基本的な考え方を紹介します。[*1]

「小さな拠点」づくりの背景とねらい

『「小さな拠点」づくりガイドブック（実践編）』（以下、『ガイドブック』）では、「小さな拠点」づくりが必要とされる背景について、次のようにまとめています（2頁）。

> 人口減少や高齢化が進む中山間地域等では、小規模な集落が広い範囲に点在しています。こうした状況では、買い物や医療、福祉など、日常生活に必要な様々なサービスをそれぞれの集落の中で個別に提供することが難しくなるため、商店や診療所などが撤退したり、バスの便が減少したりと、暮らしの維持に必要な機能が徐々に集落から失われていきます。

つまり、個別の集落では対応しにくい暮らしの維持に関わる拠点を創り出すことが求められているのです。

図1-1 小さな拠点の形成イメージ

出典：国土交通省『実践編「小さな拠点」づくりガイドブック（概要版）』2015年

「小さな拠点」が目指す役割

しかし、「小さな拠点」は、暮らしの困難を一手に引き受けて解決する万能薬ではありません。それをねらうと、ともすればフル装備の「大きな拠点」となり、基礎的生活圏にあまねく配置していくことは困難となります。「小さな拠点」の真骨頂は、図1−2に示されているように、地域内外や人材、資金、資源など多様な結節機能を創り出すことにあります。『ガイドブック』でも、次のようにその定義が記されています（2頁）。

> 「小さな拠点」とは、小学校区など複数の集落が集まる基礎的な生活圏の中で、分散している様々な生活サービスや地域活動の場などを「合わせ技」でつなぎ、人やモノ、サービスの循環を図ることで、生活を支える新しい地域運営の仕組みをつくろうとする取組です。

図1−2 「小さな拠点」に求められる多様な結節機能

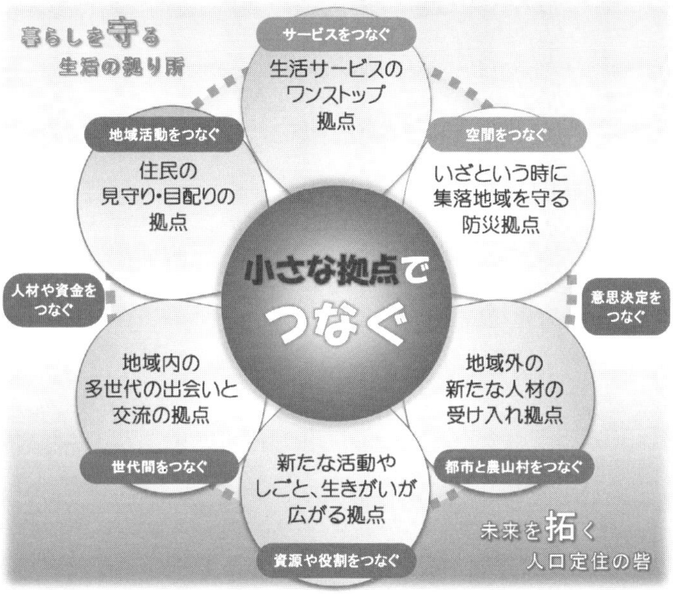

暮らしを守る 生活の拠り所

未来を拓く 人口定住の砦

小さな拠点でつなぐ

- サービスをつなぐ 生活サービスのワンストップ拠点
- 空間をつなぐ いざという時に集落地域を守る防災拠点
- 意思決定をつなぐ 地域外の新たな人材の受け入れ拠点
- 都市と農山村をつなぐ 新たな活動やしごと、生きがいが広がる拠点
- 資源や役割をつなぐ
- 世代間をつなぐ 地域内の多世代の出会いと交流の拠点
- 人材や資金をつなぐ 住民の見守り・目配りの拠点
- 地域活動をつなぐ

出典：国土交通省『実践編「小さな拠点」づくりガイドブック（概要版）』2015年

ここがポイント！

「小さな拠点」は、「点」としての整備では不十分です。「小さな拠点」と周辺集落を結び、一体的な「ふるさと集落生活圏」を形成していく必要があります。

*1：集落地域における「小さな拠点」形成推進に関する検討会。

2 「小さな拠点」づくりの手順とステップ
── 地域ぐるみの体制をどうつくるか

「小さな拠点」の成功のカギは、地域ぐるみの「合わせ技」で小さな力を結集できるかです。したがって、最初の検討段階から、地域全体を見渡し、つないでいくことが肝心です。『ガイドブック』（6〜7頁）では、6段階の「小さな拠点」づくりのステップを紹介しています。

6段階の「小さな拠点」づくりのステップ

（1）さまざまな主体で検討体制をつくる

まずは、検討体制から「補欠」のいない「全員野球」を実現していく必要があります。

- 地域にはどんな組織や人材、機能があるかを調べ、「地元関係図」（第6章第2節で詳述）をつくります。
- 「地元関係図」にあるさまざまな地域社会の構成主体に声をかけて、「小さな拠点」づくりに取り組むための検討組織をつくります。
- 行政職員も検討体制に参画するなどして、地域での取り組みをさまざまな面からサポートします。

（2）地域の現状や住民のニーズ・シーズなどを把握する

地域全体を見渡し、「合わせ技」で解決できる課題や可能性をみんなで共有していきます。

- 地域での生活を支える生活サービスの現状や今後の見通し、あるいは地域で暮らし続けるうえで住民に必要とされているもの（ニーズ）などを把握します。

  [例] 買い物や通院はどうしている？
  毎日の暮らしのなかで困っていることは？
  地域にあるとよいと思う活動やサービスは？
  地域で何か活動をしている？
  この先も地域で暮らし続けたい？
  地域のために何かやりたいことはある？

- 地域点検活動やワークショップなどを通じて、地域の現状や課題、地域の魅力や資源、住民自身で提供できる活動（シーズ）などを把握します。
- 地域の将来をどうしたいか、自分たちに何ができるかなどを話し合い、「小さな拠点」づくりに向けた地域住民の皆さんの主体性を高めていきます。

  ＊調査対象：地域住民、関連事業者、来訪者、地元出身者など
  調査手法：アンケート調査、ヒアリング調査、地域点検活動、ワークショップ

（3）「小さな拠点」づくりプランを検討する

体制と把握が整ったところで、試行的取り組みも交え、具体的なプランを検討します。

- 「小さな拠点」に必要な機能やサービスを検討します。

  [例] 身近な地域にないと困る生活サービス・機能は？
  地域内にはなくても、行動範囲を広げれば用が足りるものは？
  すでに地域住民や地域のさまざまな団体が行っている活動を「小さな拠点」で組み合わせたら、何ができる？

- 「小さな拠点」をつくると生活がどう変わるか、地域がどう変わるか、将来の地域での暮らしをイメージし、プランにまとめます。

＊試行的取り組みを通じた検証例：高齢者移送サービス車両を使った商品配送、交流イベントと併せた健康づくり活動の実施、移動販売や朝市・夕市の開催

（4）「小さな拠点」を運営する体制をつくる

神輿をかつぐときと同じように、特定の人材・組織に負担を集中させず、連携と分担で運営する体制をつくっていきます。特に、事務局機能を担う人材の確保や処遇が重要です。

• 地域の皆さんやさまざまな組織・団体、行政と、「小さな拠点」でのサービス・活動の行い方や役割分担について話し合います。

• 「小さな拠点」の運営を支えるスタッフとして、地域内だけでなく地域外にも広く声をかけ、人材を確保します。

（5）「小さな拠点」での取り組み・活動を始動させる

いよいよ取り組み・活動をスタートさせます。最初からあまり風呂敷を広げずに、地域住民のニーズが高いもの、効果が見えやすいものから手がけていき

ます。

• 「小さな拠点」の取り組みをスタートさせます。

• まず、住民ニーズが高いサービスやすぐに実行に移せそうな活動から始めていきます。必要に応じて行政や民間団体[＊2]の助成金などを活用し、遊休施設を改修するなどして、活動の核となる場所を整え、成功体験や試行錯誤を繰り返しながら、段階的に取り組みを広げていきます。

（6）「小さな拠点」の取り組みを持続・発展させる

始めることよりも続けることが難しいものです。次節でさらに詳述します。

• 購買や宿泊など収益が期待できる事業を組み立てたり、地域内のさまざまな“小さい”仕事を組み合わせて雇用を確保するなど、「合わせ技」を発揮して、「小さな拠点」が持続的に運営できる仕組みを構築します。

• 行政も、地域の状況に応じて活動の立ち上げに必要な経費の補助や施設の管理委託、事業委託などを通じて、「小さな拠点」での取り組みを支援します。

次のステップに向けた点検・見直しへ

「小さな拠点」は単なる応急処置ではありません。次なる進化を目指します。

※ここでは、『ガイドブック』から引用、抜粋、一部改変して紹介しました。

ここがポイント！

「小さな拠点」は、末永く地域運営の核として機能させていくものです。一部の住民だけで独走すると、長い目では「高いコスト」を払うことがあるので、地域ぐるみの体制づくりが重要です。

＊2：助成財団など。

3 「小さな拠点」の続け方
── 持続可能な運営と明日につながる育て方

新たに拠点をつくることも大変ですが、続けていくことのほうが本当は難しいのです。『ガイドブック』では、長続きする「小さな拠点」に向けて、「合わせ技」と不断の見直しを提唱しています（20、22頁）。

持続可能な運営を支える「合わせ技」の仕組みをつくろう

さまざまな活動・事業同士、収益・非収益の両部門、行政支援においても、柔軟な「合わせ技」を創出することが重要です。

人や資源、活動を「小さな拠点」でつなぐ「合わせ技」を発揮しよう

- それぞれ単独では続けるのが難しい活動や事業でも、「小さな拠点」を中心に人材や資源をうまくつなぎ合わせて合理化することができれば、継続することが可能になります。
- ゆくゆくは、食堂・喫茶・スーパーなどの物販や宿泊サービスなどの「収益を上げることが期待できる活動」を盛り上げて資金を確保し、高齢者の見守りや移送サービス、買い物支援などの「儲からないけれど地域に必要なサービス」を維持していくような、事業の「合わせ技」の仕組みをつくることが、「小さな拠点」の持続的な運営にとって必要となります。

行政も「合わせ技」で「小さな拠点」をサポートしよう

- 行政の各課には、それぞれの分野で地域の組織・団体の活動を支援する補助事業などがありますが、「小さな拠点」づくりに対して、分野横断的な体制をつくり、さまざまな事業を総合化したり、対応窓口を一本化することで、「合わせ技」のメリットを発揮することができます。

立ち止まらず、常に見直しながら「小さな拠点」を育てよう

「小さな拠点」には、まさに「小さく」産んで時間をかけて育てる手法が必要です。また、従来の大規模志向の制度ではうまく対応できないケースも多いので、制度自体の柔軟な見直しにも取り組んでいく必要があります。

最初から完璧な拠点を目指すのではなく、試行錯誤を繰り返そう

- 立ち上げ当初から、あらゆる住民ニーズに応えられる完璧な「小さな拠点」を目指すのではなく、まずはできることから始め、小さな成功体験や試行錯誤を積み重ねていくことです。こうして、少しずつ活動を広げていくことが、「小さな拠点」での取り組み・活動を息の長いものにするうえでとても重要です。
- 運営体制を立ち上げ、「小さな拠点」の取り組みを始動させたあとも、地域の将来を見据えつつ、時代や社会の変化に応じて変わるニーズを的確にとら

えながら、地域に即した「小さな拠点」の役割や機能を考え、活動内容や実行体制を見直していくことが重要です。

制度上の課題や障壁は
行政と一緒に解決していこう

- 住民が新たなサービスや活動に取り組もうとするとき、関係機関との間で利害が衝突したり、規制や法令上の問題に直面することもあります。このような場面では、行政が間に入り、積極的に関係機関と調整を図りながら、解決方策を模索していくことも必要です。
- 実際に「小さな拠点」での活動を進めるなかで新たな支援ニーズが浮き彫りとなったら、行政も「小さな拠点」を支える支援や制度の仕組みを柔軟に変えていくことが重要です。

関連事例紹介:「波多交流センター」

『ガイドブック』に、「成功のポイント」のひとつとして紹介されている島根県雲南市の「波多交流センター」は、多分野の施設の機能を組み合わせた複合的な「小さな拠点」です。その運営は、雲南市からの部局横断の一括交付金で支えられ、市職員ではなく、地域雇用で柔軟な運営体制を実現しています。

「はたマーケット」のレジコーナー。なじみのお客さんと会話もはずむ
撮影:高木あつ子

波多コミュニティ協議会が運行する「たすけ愛号」。無料の送迎、配達で大好評
撮影:高木あつ子

波多コミュニティ協議会が運営する「波多交流センター」では、公民館活動や健康づくり活動、防災活動のほか、「はたマーケット」というスーパーの経営や地域内のデマンド交通(たすけ愛号)の運行も行っています。これらの運営にあたり、スーパーの店員や送迎車両の運転手をそれぞれ別個に雇うのではなく、交流センターの運営に対する市からの交付金で雇用したセンター職員が兼務することで、人件費を合理化し、継続的な運営を可能にしています。

ここがポイント!

「小さな拠点」づくりでは最初から完璧を目指すのではなく、小さな成功体験や試行錯誤を積み上げながら、常に見直しを行っていくことが大切です。

4 「小さな拠点」の実態調査①
——全国の形成箇所と都道府県、市町村における状況

内閣府地方創生推進事務局（以下、内閣府）が行った2018年5月末時点における「小さな拠点」の実態調査をもとに、全国的な「小さな拠点」の形成状況をみていきます。

全国的な「小さな拠点」の形成状況 —— 496市町村で1,723カ所

内閣府では、以下のような「小さな拠点」の定義により、全国調査を行っています（内閣府『平成30年度 小さな拠点の形成に関する実態調査』2018年、1頁）。

また、以下の集計結果も、内閣府の同実態調査（平成30年度および平成28年度）によるものです。

> 市街化区域を除く、中山間地域等において、地域住民の生活に必要な生活サービス機能（医療・介護・福祉、買い物、公共交通、物流、燃料供給、教育等）やコミュニティ機能を維持・確保するため、旧町村の区域や小学校区等の集落生活圏において、生活サービス機能や地域活動の拠点施設が一定程度集積・確保している施設や場所・地区・エリア
> ※集落生活圏：単一または複数の集落及び周辺農用地等で構成された自然的社会的諸条件からみて一体的な日常生活圏を構成している圏域。なお、基本的に、集落生活圏に一つの「小さな拠点」となる。

2018年5月末時点において、「小さな拠点」の全国の形成状況は、以下のとおりです。
- 「小さな拠点」が形成されている市町村：496市町村（28％）
  ➡ 2016年10月末時点：348市町村（20％）
  そのうち、市町村版総合戦略に位置づけて取り組みを進めている市町村：307市町村（18％）
  ➡ 2016年10月末時点：191市町村（11％）
- 「小さな拠点」の形成箇所：1,723カ所（496市町村）
  ➡ 2016年10月末時点：1,260カ所（351市町村）
  そのうち、市町村版総合戦略に位置づけている形成箇所：1,069カ所（307市町村）
  ➡ 2016年10月末時点：722カ箇所（191市町村）

図1－3に示されているように、全国市町村の3分の1において「小さな拠点」がすでに形成されている、もしくは形成が予定されています。そして、この2年間で、「小さな拠点」の形成数や形成されている市町村は、大きく伸びていることがわかります。

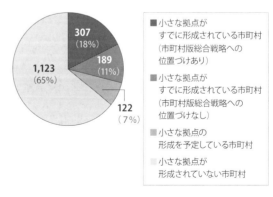

図1－3 全国の市町村における「小さな拠点」の形成状況——2018年度

■ 小さな拠点がすでに形成されている市町村（市町村版総合戦略への位置づけあり）
■ 小さな拠点がすでに形成されている市町村（市町村版総合戦略への位置づけなし）
■ 小さな拠点の形成を予定している市町村
□ 小さな拠点が形成されていない市町村

出典：内閣府『平成30年度 小さな拠点の形成に関する実態調査』2018年、4頁
＊3：市町村版総合戦略については126頁の用語解説参照。

都道府県別「小さな拠点」の形成状況 ――「西高東低」の傾向

都道府県別の「小さな拠点」形成状況をみると、全般的に西日本のほうが、形成あるいは予定している市町村の割合が高い傾向がうかがえます。また、形成されている「小さな拠点」の数についても、同じく「西高東低」の傾向がうかがえ、特に九州地方の多さが注目されます（図1-4）。

出典：内閣府『平成30年度 小さな拠点の形成に関する実態調査』2018年、6頁

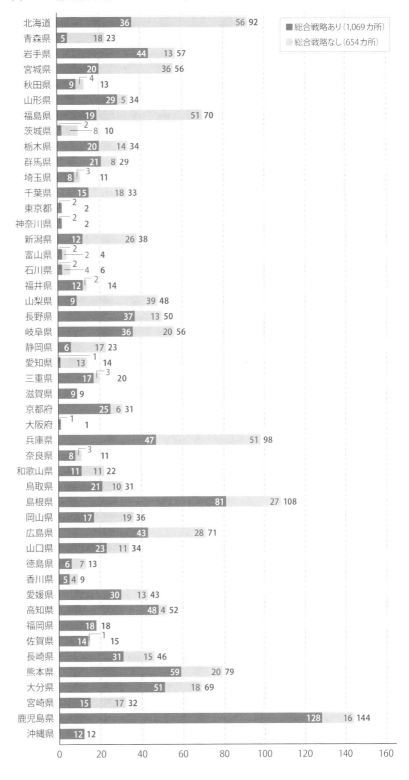

図1-4 都道府県別の「小さな拠点」形成数――2018年度

「小さな拠点」今後の形成予定

都道府県別の「小さな拠点」形成予定をみると、全国的にほぼ横並びのかたちで、今後も形成が進むことが想定されます。内閣府の集計では、全国で合計389カ所の「小さな拠点」が122市町村で予定されています。

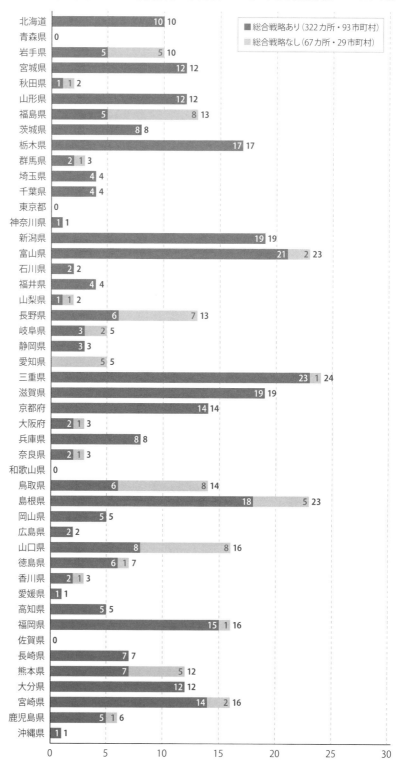

図1-5 都道府県における今後形成が予定されている「小さな拠点」数──2018年度

出典：内閣府『平成30年度 小さな拠点の形成に関する実態調査』2018年、7頁

「小さな拠点」と集落生活圏人口、集落数、人口カバー率

内閣府では、「小さな拠点」が対象としている集落生活圏の人口や集落数、人口のカバー率も都道府県別に集約しており、これも全体として「西高東低」の傾向です（図1-6）。ちなみに、「小さな拠点」1カ所当たりの全国平均は、集落生活圏人口は2,695人、集落数は15.5集落となっており、都道府県人口の平均2.3％が居住している計算になります。

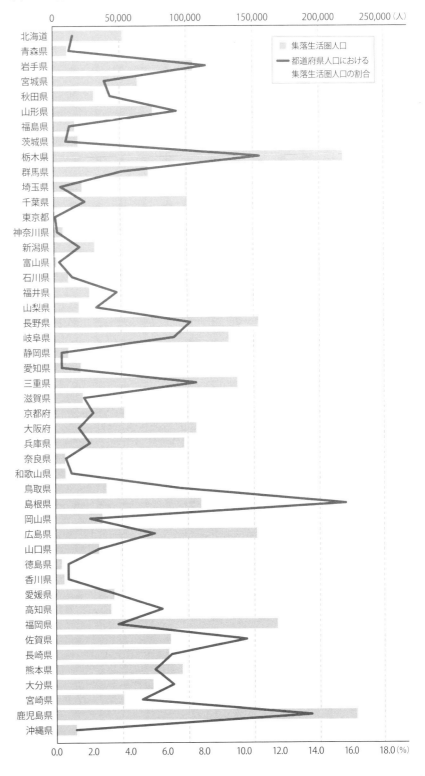

図1-6 都道府県における「小さな拠点」の集落生活圏人口と人口カバー率

※市町村版総合戦略に位置づけのある「小さな拠点」1,069カ所についての集約（内閣府）。
出典：内閣府『平成30年度 小さな拠点の形成に関する実態調査』2018年、8頁

5 「小さな拠点」の実態調査 ②
──「小さな拠点」形成の対象範囲、地域運営組織、主な施設

内閣府の実態調査では、「小さな拠点」が具体的にどんなエリアに形成され、どのような地域運営組織に支えられていて、主にどんな施設を有しているかも集約されています。

過半は、現在あるいは旧の小学校区

「小さな拠点」が形成されている地域範囲は、表1-1のように、過半が現在もしくは旧の小学校区となっています。これは、小学校区が基礎的な生活圏の実態を有し、集落同士をつなぐコミュニティ単位として機能していることが背景として考えられます。

※数字は箇所数。
出典：内閣府『平成30年度 小さな拠点の形成に関する実態調査』2018年、9頁改変

表1-1 「小さな拠点」が形成されている地域範囲──2018年度

	総合戦略あり		総合戦略なし	
① 中学校区より広い	25	(2%)	28	(4%)
② 中学校区	131	(12%)	159	(24%)
③ 旧中学校区 （平成の大合併以後の統廃合の直前まで中学校区があったエリア）	22	(2%)	13	(2%)
④ 小学校区	363	(34%)	221	(34%)
⑤ 旧小学校区 （平成の大合併以後の統廃合の直前まで小学校区があったエリア）	270	(25%)	81	(12%)
⑥ 小学校区（または旧小学校区）より狭い	133	(12%)	120	(18%)
⑦ 中学校区（上記②）および 小学校区（上記④）とおおむね一致	20	(2%)	5	(1%)
その他	105	(10%)	27	(4%)
合 計	1,069	(100%)	654	(100%)

地域運営組織の有無とその法人格

「小さな拠点」が形成されている集落生活圏の74.1%には、単独または複数の地域運営組織が存在しています。そうした地域運営組織の9割近くは任意団体であり（表1-2）、今後の分野を横断した事業展開に向けて、法人格の取得が課題となっています。

表1-2 「小さな拠点」の地域運営組織の法人格──2018年度

	総合戦略あり		総合戦略なし	
① 法人格のない任意団体	853	(85%)	367	(88%)
② NPO法人（認定NPO除く）	31	(3%)	25	(6%)
③ 認定NPO法人	4	(0%)	2	(0%)
④ 一般社団法人	16	(2%)	2	(0%)
⑤ 公益社団法人	0	(0%)	0	(0%)
⑥ 認可地縁団体（地方自治法に基づく）	80	(8%)	14	(3%)
⑦ 社会福祉法人	5	(0%)	0	(0%)
⑧ 株式会社	15	(1%)	1	(0%)
⑨ 合同会社	1	(0%)	0	(0%)
⑩ その他の法人格	2	(0%)	7	(2%)
合 計	1,007	(100%)	418	(100%)

※数字は箇所数。
出典：内閣府『平成30年度 小さな拠点の形成に関する実態調査』2018年、15頁改変

すでに形成されている「小さな拠点」に配置されている施設

　全国ですでに形成されている「小さな拠点」にそなわっている施設の一覧表をみると、比較的高次の拠点機能と考えられる役場本庁や銀行、高校、道の駅などを除くと、配置数にはさほど大きな違いはありません（表1−3）。

　これは、今回の内閣府の「小さな拠点」の定義が、「生活サービス機能や地域活動の拠点施設が一定程度集積・確保している施設や場所・地区・エリア」とされているため、その対象エリアなどに立地している施設がそのままカウントされていることによると考えられます。ちなみに、「バス停留所」を除くと、上位三つは、「郵便局」「食料品・日用品販売店」「飲食店」となっています。

表1−3　すでに形成されている「小さな拠点」にある主な施設──2018年度（複数回答可）

	総合戦略あり		総合戦略なし	
市役所・町村役場の本庁	107	（10%）	74	（11%）
市役所・町村役場の支所・出張所、行政窓口	429	（40%）	359	（55%）
公民館（分館も含む）	633	（59%）	408	（62%）
地域交流センター等地区住民の活動拠点施設	686	（64%）	374	（57%）
郵便局（簡易郵便局を含む）	887	（83%）	543	（83%）
農協	474	（44%）	374	（57%）
銀行、信用金庫等金融機関（郵便局、農協除く）	294	（28%）	186	（28%）
ATM（郵便局や農協等の施設に併設している場合も含む）	686	（64%）	459	（70%）
保育所・幼稚園（認定こども園も含む）	668	（62%）	429	（66%）
小学校	688	（64%）	456	（70%）
中学校	397	（37%）	316	（48%）
高等学校	116	（11%）	76	（12%）
運動施設（運動場、体育館等）、公園、広場	781	（73%）	453	（69%）

	総合戦略あり		総合戦略なし	
医療施設（病院、診察所等）	604	（57%）	435	（67%）
高齢者福祉施設、地域包括支援センター	582	（54%）	382	（58%）
ガソリンスタンド	611	（57%）	422	（65%）
食料品・日用品販売店（スーパー、コンビニ、個人商店等）	868	（81%）	540	（83%）
飲食店（食堂、レストラン、喫茶店等）	776	（73%）	468	（72%）
道の駅	133	（12%）	93	（14%）
物産・観光施設（道の駅以外）	426	（40%）	257	（39%）
宿泊施設	469	（44%）	320	（49%）
鉄道駅	225	（21%）	156	（24%）
バス停留所	968	（91%）	568	（87%）
その他	74	（7%）	49	（7%）

※数字は箇所数。
出典：内閣府『平成30年度 小さな拠点の形成に関する実態調査』2018年、11頁改変

　「小さな拠点」は、現時点では、「道の駅」のように一定の要件を満たさないと認定されないものではありません。しかし、現状の近隣施設の集まりをそのまま「小さな拠点」と認定するだけでは、機能や役割面の進歩はありません。

ここがポイント！

　「小さな拠点」は、最初はありのままで出発しても、地域や分野をいままでにない有機的なつながりで結ぶ新たな仕組みづくりが必要です。

6 「小さな拠点」の進化に求められるもの
―― いままでの拠点と何が違うのか、これからどう進化すべきか

「小さな拠点」はわかりにくいという声を、現場や行政の担当者などからよく聞きます。ここまでみてきた政策の打ち出し方や全国の状況をふまえ、いままでの拠点との違いや今後の進化の方向について、筆者（藤山）として独自にまとめてみました。

いままでの拠点整備との違いは何か？ ――「小さな拠点」8カ条

　従来の拠点整備は、病院にしてもショッピングセンターにしても、できるだけ広域を対象として、「規模の利益」の実現を目指すものでした。そのために、大規模な施設を集中的に配置し、特定の部門に専門化した拠点を整備しました。そうした大規模拠点は、当然ながら地元では対応できず、外部からの知恵・技術・資金に頼って設立され、運営は専門家や行政関係者が中心的に担ってきました。当然ながら、一気に「規模の利益」を創出するために、整備期間は短期集中型となります。

　これに対し、「小さな拠点」は、まったく異なったアプローチをとります。対象地域は、日頃の生活の舞台となる基礎生活圏であり、そこではもともと「規模の利益」は望みようがありません。むしろ、日々の暮らしに欠かせない各分野のサービスや雇用がバランスよくつながった「範囲の利益」が目的となります。生活の現場に近いところに小規模でもよいから分散して配置し、分野を横断した複合化、つまり「合わせ技」が不可欠の手法となります。小さくて地元に密着した存在ですから、設立・運営は地元住民が主体的に担い、参画します。そして、焦らずに長期的に機能や役割を積み上げていきます。こうして形成された「小さな拠点」は、「規模の利益」志向の拠点が全国一律的となるのとは違い、それぞれの地域の特色、歩みの違いを映し出す固有のものとなるでしょう。

　このような「対象地域」「目標価値」「配置」「手法」「設立運営」「中心人材」「整備期間」「相互比較」に関わる特色は、「小さな拠点」8カ条といってもよいでしょう。

表1-4 「小さな拠点」における従来の拠点整備との違い

比較項目	従来の拠点整備	「小さな拠点」の8カ条
対象地域	できるだけ広域化	① 基礎生活圏（集落生活圏）
目標価値	規模の利益	② 範囲の利益
配置	大規模・集中	③ 小規模・分散
手法	専門化＝特定部門	④ 複合化（合わせ技）＝分野横断
設立運営	外発的＝外の知恵、技術、資金	⑤ 内発的＝主体性（知・技・金）
中心人材	専門家、行政	⑥ 住民の参画
整備期間	短期集中型	⑦ 長期漸進型
相互比較	一律性	⑧ 固有性

「小さな拠点」に求められる未来に向けた四つの進化論

　全国の集落地域における暮らしと定住を支えるために、こうした8カ条に基づいた「小さな拠点」づくりは、待ったなしで必要です。しかし、それだけでは、将来とも十分であるとはいえません。いま、集落で生まれた、あるいは集落に移住してきた子どもたちは、ほぼ確実に22世紀、2200年まで生きていくのです。

　人生100年時代の暮らしの舞台として、私たちの地元を持続可能な地域社会へと進化させていく時代です。それは、地球環境問題の解決のためにも不可避の転換です。そして、この2020年代、三つの大きな革命、すなわち「再生可能エネルギー革命」「シェアリング・エコノミー革命」「IoT革命（モノのインターネット）」によって、いままで条件不利とされてきた中山間地域が、今後望まれる循環型社会に一足先に到達する可能性が見えてきました。

　このような持続可能な未来を展望するとき、「小さな拠点」は、四つの進化を実現していくことが求められます。

　第一は、「小さな拠点」を地域内の集落や地域外の広域ネットワークをいままでにない発想と仕組みでつないでいく「ネットワーク学」的進化です。

　第二は、新たな再生可能エネルギーやシェアリング・エコノミーの台頭を追い風にして、「小さな拠点」を地域全体の「連結決算」から考える「経済学」的進化です。

　第三は、「小さな拠点」の形成プロセスと行政支援のあり方を通じた「形成学」的進化です。実際の事例をふまえ、新機軸の手法を考えていきます。

　第四は、循環型社会の基本ユニットを支える「核」として、「小さな拠点」の明日を展望する「未来学」的進化です。競争社会のなかに、共生空間を創る拠点となるのです。

表1-5　「小さな拠点」に求められる四つの進化論

進化分野	具体的な内容	説明する章
ネットワーク学	地域内の集落や地域外の広域ネットワークとの連結	第4章
経済学	再生可能エネルギー活用とシェアリング&連結決算の威力	第5章
形成学	新機軸の形成プロセスと新たな行政支援のあり方	第6章
未来学	循環型社会の基本ユニットを支える共生の「核」として	第7章

　それでは、続く第2章、第3章で、全国の先進的な「小さな拠点」のチャレンジを紹介したうえで、第4章以降、「小さな拠点」の進化論へと進んでいきましょう。

ここがポイント！

　「小さな拠点」を単なる現状の中山間地地域の条件不利性に対する対症療法に終わらせてはいけません。大きく文明自体が転換する2020年代、未来志向こそ現実的なのです。

column

間違いだらけの「小さな拠点」
── 連結・循環・共進化で未来形へ

「小さな拠点」は、「霞が関」としては、おそらく初めて「小さな」という形容詞がついた地域政策である。今までの大規模・集中志向の課題解決とは一線を画している。「小さな拠点」が目指すべき新たな地平を手法論・進化論・支援論の三つの観点から論じてみたい。

まず「小さな拠点」が目指すべき手法は、地域ぐるみの分野を横断した「連結」である。中山間地域では、大規模に集中させた専門的拠点による「規模の利益」は生じようがない。単独決算では持続しえない個別分野を大胆につないだ経営手法～例えば複合的な事業体や雇用、空間利用、共同輸送など～により、地域全体としての「連結決算」を黒字にする「範囲の利益」の創出が求められている。例えば、持続可能な地域社会総合研究所が開発した地域ごとの介護費用の比較分析プログラムでは、地域づくりや生涯現役型の生業によって高齢になっても出番・役割を積極的に創っている地元では、大きく介護費用を浮かせていることがわかり始めている。その全国平均との差額は、300人程度で3,000万円前後になった事例もある。このような今までにない異分野間の「新結合」を地元で創ることが、「小さな拠点」の革新的手法なのだ。

次に、「小さな拠点」は、現状の課題への対症療法に留まらない進化の可能性を有している。これからの20～30年間で、時代は循環型社会へと向かう。2020年代から本格化する三つの革命、すなわち「再生可能エネルギー革命」、「シェアリングエコノミー革命」、「IoT革命」は、いずれも条件不利とされてきた農山漁村において、小規模・分散・複合化・近隣循環に基づく「共生循環圏」を新たに生み出す強力な追い風となっているのだ。「小さな拠点」は、この循環型社会の「細胞」ともいうべき基本圏域の「核」としての役割が期待される。地元のバイオマスの熱電同時供給エネルギープラントでチャージされた、自動運転のアワーカーがシェアリングされ、人もモノもリアルタイム情報により最適化され、最小のコストで輸送するような未来の結節拠点が見えてくる。

最後に、新たな手法や未来に向けた進化を支える「小さな拠点」の支援のあり方は、どうあるべきなのか。今までの大規模・集中志向の時代のように、発想も資源も技術も資金も、外部から特に中央から投入する外発的なやり方はあり得ない。地域現場において自由な発想のチャレンジを同時多発的に展開し、現場のエビデンスに基づき見出された共通の課題や可能性を地域政策として結晶化させると共に、地域同士の学び合いのネットワークで共進化を図る「マス・ローカリズム」と呼ばれる手法こそ、本命である。現在、こうした「小さな拠点」の現場発のネットワーク的進化を展開しているのは、全国で唯一、高知県だけである。地域支援企画員と呼ばれる県職員を地域内外のネットワーカーとして60名以上現地駐在させ、「集落活動センター」と呼ばれる高知県版「小さな拠点」をこの7年間で全県49まで増やしてきた。

以上のような手法論・進化論・支援論により「小さな拠点」が未来志向で形成される時、それは、「今だけ・自分だけ・お金だけ」が横行する新自由主義的「競争社会」において、貴重な「共生社会」として定住と循環の砦となっていく。

『山陰中央新報』2019年4月7日「談論風発」（筆者＝藤山執筆）より抜粋

第**2**章

「小さな拠点」の実践事例 PART1

全国をリードする高知県の集落活動センター

「小さな拠点」の先進地は、どこでしょう?

都道府県としての取り組みであれば、私は、高知県を一番に挙げます。高知県は、「集落活動センター」と呼ばれる高知県版「小さな拠点」を2012年度に立ち上げ、活動を開始しました。2019年4月末現在で、10市15町4村、50カ所の「集落活動センター」が開所しています。

「集落活動センター」は、分野横断性や住民の主体性など第1章で提示した「小さな拠点」8カ条をすべて満たすだけでなく、行政の現場支援や継続性、そして「集落活動センター」同士のネットワーク化の面でも、全国的にトップランナーとしての取り組みを展開しています。

1 「集落活動センター」とは？
── 高知県版「小さな拠点」の概要

高知県では、中山間地域対策の柱として、2012年度から「集落活動センター」と呼ばれる高知県版の「小さな拠点」を全県に形成しています。その概要と歩みを、高知県中山間地域対策課『集落活動センター支援ハンドブック』Vol.8、2018年（以下、『ハンドブック』）の内容をもとに紹介します。

「集落活動センター」が目指すもの

高知県では、「集落活動センター」は、次のように定義されています（『ハンドブック』2頁）。

> 地域住民が主体となって、旧小学校や集会所等を拠点に、地域外の人材等を活用しながら、近隣の集落との連携を図り、生活、福祉、産業、防災などの活動について、それぞれの地域の課題やニーズに応じて総合的に地域ぐるみで取り組む仕組み。

「集落活動センター」の大切なポイントとして、以下の五つが挙げられています。住民を主役としたボトムアップ型であることが一番の特徴かつ強みです。

主役は、地域住民の皆さま：主役である住民の皆さまと市町村の一体となった取り組みを支援。

活動は地域のオーダーメイド：住民の皆さまから生まれたアイデアや提案を取り組みにつなげる仕組み

皆様の集まりやすい場所が活動の中心：集会所や廃校になった施設など、住民の皆さまが自然と集い、語り合える場所が拠点

図2-1 分野を横断した「集落活動センター」による集落維持の仕組み

出典：高知県中山間地域対策課『集落活動センター支援ハンドブック』Vol.8、2018年、2頁を改変

さまざまな人材を活用：住民の皆さまと一緒に取り組むUターン、移住者など地域外の人材の導入
集落の連携による取り組み：近隣の集落が互いに連携し、助け合うことにより、いままでできなかったことが可能になる取り組み

この集落活動センターは、図2−1のように、分野を横断した集落維持の仕組みであり、高知県の中山間地域対策の基軸となっています。

「集落活動センター」の歩みと全県への広がり

高知県は、7年間の継続した歩みにより、「集落活動センター」を57まで積み上げてきました（2019年10月25日現在）。図2−3にあるように、毎年少しずつ焦らずたゆまず進んできたのです。これほど一貫した息の長い取り組みは、全国でもほとんどみられません。いまでは、図2−2にあるように、全県34市町村中31市町村まで広がっています。

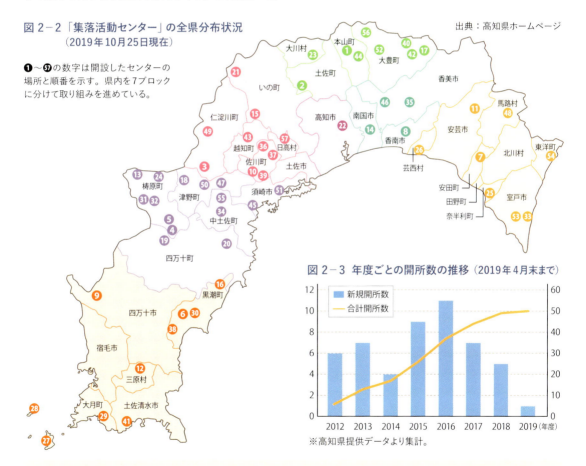

図2−2 「集落活動センター」の全県分布状況（2019年10月25日現在）　出典：高知県ホームページ

❶〜❺7の数字は開設したセンターの場所と順番を示す。県内を7ブロックに分けて取り組みを進めている。

図2−3 年度ごとの開所数の推移（2019年4月末まで）
※高知県提供データより集計。

ここがポイント！

あくまで地域の合意形成や体制づくりのペースに合わせて、じっくりと7年越しの取り組みをしてきたところが、他県の追随を許さない成果となっています。

＊1：地域住民の活動を、新たな外からの視点も含めてサポートする人材の配置を支援している。総務省の「地域おこし協力隊」や「集落支援員」を含む。

2 「集落活動センター」誕生の背景と形成ステップ ── 地域の実情や住民の思いを知るところから

「集落活動センター」の出発点となったのは、2011年度に行われた徹底した全県集落調査により、中山間地域の実情や住民の思いを共有したことからでした。

出発点となった全県集落調査

　高知県では、2011年度、それまで5年ごとの国勢調査に合わせて実施してきた集落データ調査に加えて、中山間地域の50世帯未満の集落を対象に、集落代表者聞き取り調査（対象：1,359集落）や世帯アンケート調査（対象：各市町村から抽出した109集落、2,607世帯、5,476人）を行いました。

　県職員も直接参画したこうした詳細な集落調査から、まず、人口・世帯の減少や高齢化の進行により、コミュニティ活動の衰退・後継者不足・健康不安・買い物や交通困難・一次産業の衰退・現金収入の不足・鳥獣被害などの分野を横断した課題が複雑・多重化して、中山間地域での暮らしの継続を危うくしている状況が明らかになりました。

　また一方で、アンケート調査などからは、図2−4の各データに現れているように、地域への誇りと愛着をもって、集落同士で助け合いながら、外部人材

図2-4 聞き取り・アンケート調査から集約された地域住民の思い

● 集落への「愛着」や「誇り」──集落代表者聞き取り調査

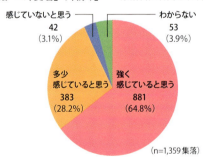

● 今後も住み続けたい──世帯アンケート調査

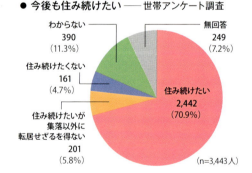

● 近隣の集落との連携

● Iターン移住者の受け入れ（移住への受け入れ意向）──集落代表者聞き取り調査

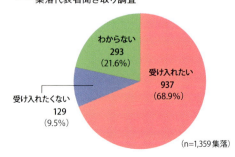

※「近隣の集落との連携」は、高知県提供データより集計。

出典：高知県中山間地域対策課『平成23年度高知県集落調査 概要版』2012年、3、8頁より

も受け入れ、今後も住み続けたいという地域住民の思いも明らかになりました。

このような分野を横断した地域課題をめぐる状況と地域住民の思いを受けて、それまで生活・福祉・産業・防災などの分野で個々に進めてきた活動を地域が一丸となって総合的に推進する「集落活動センター」の取り組みが始まったのです。

「集落活動センター」の立ち上げに向けた手順

『ハンドブック』（6頁）によれば、「集落活動センター」立ち上げに向けた基本的な流れは、次の5段階のステップが想定されています。

STEP 1　地域の選定

市町村で集落活動センターに取り組むことの内部決定

○市町村のグランドデザインに基づくケース

市町村や関係機関で地域の選定→候補地域の現状把握（地域のまとまり状況やリーダー役の存在等）→地域への打診（区長などリーダーに意向確認）

○地域から要望があがってくるケース

区長会等での説明→区長等住民からの要望や提案に基づく対応→住民との協議（意向確認）

○高知ふるさと応援隊の導入・活用の検討（準備段階から導入する場合）

STEP 2　地域リーダーや関係機関との検討・地域ビジョン作成準備

地域の課題、将来像の検討→活動内容のアイデアだし→地域での検討方法の協議→高知ふるさと応援隊の導入・活用の検討（準備段階から導入する場合）

＊必要に応じて、集落活動センター推進アドバイザー制度の活用や研修会に参加等（STEP 3、STEP 4も）

STEP 3　地域ビジョンの作成・地域住民の総意

○住民座談会やワークショップ等を通じて、地域の課題や将来像の整理・共有

（座談会等では、市町村・地域支援企画員・高知ふるさと応援隊等が助言等を行う）

○課題解決策の手法として集落活動センターという仕組みづくりの検討

○住民の合意形成（集落総会などで総意確認）[A]

STEP 4　集落活動センターの活動計画

○集落活動センターとしてどのような活動をするか等の計画作成 [B]

（計画作成にあたっては、市町村・地域支援企画員等が助言等を行う）

○運営組織や拠点施設の検討 [C]

（体制や規約等の検討にあたっては、市町村・地域支援企画員等が助言等を行う）

○高知ふるさと応援隊の導入・活用の検討（立ち上げ後に導入する場合）

○住民の合意形成（集落総会や運営組織の総会等で活動計画の周知・承認）

STEP 5　市町村の支援

○それまでの話し合い等の結果をもとに、**予算措置、支援体制などの決定** [D]

＊[A] [B] [C] [D] の4項目が、県からの集落活動センター推進事業補助金の交付要件

ここがポイント！

「集落活動センター」の立ち上げステップは、地域住民や市町村の主体性を重んじながら、県職員や外部人材がビジョン作成段階から寄り添う形になっています。

3 「集落活動センター」の推進体制
── 「縦割り」克服＋総合的な補助制度＋県職員の現場駐在

「集落活動センター」は、縦割りを排した政策体系、総合的な補助制度、そして地域現場に張りついて寄り添い型の支援を行う県職員の駐在により推進されています。

「縦割り」を克服した高知県の中山間地域対策と総合的な補助制度

　行政分野で「縦割り」の弊害が叫ばれて長年が経ちます。しかし、その割に抜本的な解決はなかなか進んでいません。高知県では、三つのアプローチで、「縦割り」を排した中山間地域対策を進めています。

　第一は、政策群を三層構造に立体化し、分野横断による展開です。第一層は「一次産業を中心とした産業成長戦略」で、産業分野ごとに基幹となる産業をクラスター的に育成します。第二層は「地域資源を生かした地域アクションプラン」で、成長戦略や地域からの発案を地域で具体化する取り組みです。そして、地域住民に最も身近な第三層が「集落活動センター」で、あらゆる分野を地域主体でオーダーメイドに組み合わせ、集落機能を支える仕組みづくりを行います。

　第二は、県知事を本部長とする中山間総合対策本部を立ち上げ、すべての部局が参画し、機動的に重点テーマに対応する推進チームを展開できる体制です。尾崎知事は、集落活動センターの開所や協議会総会には必ず直接顔を出すなど、自ら現場に入っていきます。

　第三は、総合補助制度や現地駐在の県職員が、地域振興部局だけでなく、すべての部局の連携により展開されていることです。

　高知県では、「集落活動センター」立ち上げや運営を直接支える補助制度が、表2−1のように手厚く用意されています。これ以外にも、「集落活動センター」が活用できる100以上もの県・国の補助制度がリストアップされ、『ハンドブック』に整理されています。

表2−1 「集落活動センター」の立ち上げや運営を支える高知県の主な補助制度

種　類	内　容
集落活動センター推進事業費補助金 （対象：市町村等、補助率1/2以内、 ハード・ソフト）	❶ 集落活動センター整備事業：1カ所あたり3,000万円／3年間
	❷ 人材導入活用事業：1人あたり125万円／年
	❸ 経済活動拡充支援事業：1カ所あたり500万円／年
	❹ 基幹ビジネス確立支援事業：1カ所あたり1,000万円
	❺ 高知県集落活動センター連絡協議会支援事業：110万円／年
集落活動センター推進アドバイザー	知見を有している専門家を派遣し、集落活動センターの円滑な立ち上げや運営等を支援 （筆者［藤山］もアドバイザーの一人）
集落活動センター研修会	集落活動センターを立ち上げた地域および検討している地域を対象に、全体研修会・テーマ別研修会や意見交換会等を実施

「集落活動センター」支援の「黒子役」＝現地駐在の地域支援企画員

「集落活動センター」の支援策のなかで、高知県独特のものであり、推進アドバイザーを務めている私（藤山）自身、貢献大だと感じるのは、現地駐在の県職員＝「地域支援企画員」の制度です。

「地域支援企画員」は、2003年度に、「地域の元気応援団長」として７名の県職員が、地域現場に配置されて始まりました。そのねらいは、市町村と連携しながら、実際に地域に入り、住民の皆さまと同じ目線で考え、地域とともに活動することを基本にして、それぞれの地域の実情やニーズに応じた支援を行うことによって、地域の自立や活性化を目指すとされ、福祉や農業といった分野ごとに設置された県の出先機関に属さない職員が、市町村役場など実際に地域に駐在し、それぞれの職員の視点で自主的に活動を行う制度としてスタートしたのです。翌2004年度からは、体制が50名へと飛躍的に強化され、現在は、図２−５のように、県内７ブロックに合計64名が駐在する体制となっています。

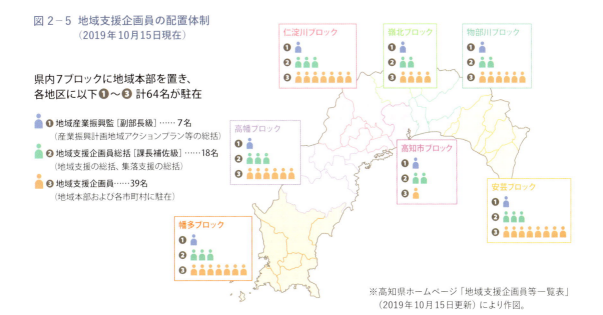

図２−５ 地域支援企画員の配置体制（2019年10月15日現在）

県内７ブロックに地域本部を置き、各地区に以下❶〜❸計64名が駐在
- ❶地域産業振興監［副部長級］……７名（産業振興計画地域アクションプラン等の総括）
- ❷地域支援企画員総括［課長補佐級］……18名（地域支援の総括、集落支援の総括）
- ❸地域支援企画員……39名（地域本部および各市町村に駐在）

※高知県ホームページ「地域支援企画員等一覧表」（2019年10月15日更新）により作図。

現在、地域支援企画員の基本的な活動は、二つの分野に整理されています。第一は、「地域の振興、活性化に向けた支援」で、住民力を生かした地域主体の多様な取り組みを支援し、住民とともに地域づくりに取り組んでいます。第二は、「県と地域をつなぐパイプ役（県政策の推進役）」です。「人」や「情報」により、地域（市町村、地域住民、団体など）と県をつなぐ、地域全体のコーディネート役としての役割を果たしています。

「集落活動センター」の着実な普及は、地道に地域の「脈」をとり、「黒子」としてつなぎ役に徹しながら、地域のがんばりに寄りそう「地域支援企画員」の存在なしにはあり得なかったでしょう。「平成の大合併」以降、県庁職員を地域現場から引き揚げ、県庁に集中配置する都道府県が増えています。しかし、あらゆる行政の営みは現場から始まり現場で終わることを考えると、いま一度県庁職員の現場配置を考えるべきではないでしょうか。

4 「集落活動センター」のネットワーク化
—— 多様なセンター同士の学び合いから新たな進化と参入が生まれる

「集落活動センター」は、地域のオーダーメイドでつくられますから、その規模や活動はとても多彩です。一見、政策展開や支援が難しいように思えますが、センター同士のネットワークを育てることにより、多様性が新たな進化と参入を呼び込む原動力となっています。

多様な人口規模や活動内容

「集落活動センター」は、人口規模も活動内容もさまざまです。図2−6は、人口規模別のセンター数を示したものですが、特定の階層に集中せず幅広い分布となっています。比較的小規模な300人未満のところが4割以上を占めています。このように、小規模なところが多く、活動内容も多様だと、まとまった政策展開や行政支援が難しいと心配する人がいるかもしれません。

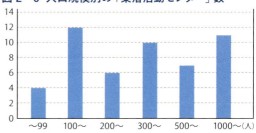

図2−6 人口規模別の「集落活動センター」数

※2019年4月1日時点の人口で集約。平均人口は646人、平均世帯数は321世帯。
※高知県提供データより集計。

「集落活動センター連絡協議会」の立ち上げ

2016年4月には、「集落活動センター」は、22市町村で30カ所まで増えました。お互いのモデルとなるような特色ある取り組みも増えてきたのですが、市町村域を超えたセンター同士の交流は少ないため、高知県庁がハブとなって情報提供や事例紹介を進めていきました。そこで、各「集落活動センター」が全県でネットワークを構築し、横の連携を強化することで、活動のさらなる充実につなげようと、2016年6月、「集落活動センター連絡協議会」が設立されました。その概要は以下のとおりです（同協議会規約）。

```
設　　立：2016年6月
目　　的：「集落活動センター」の取組の共有や情報交換を行う。「集落活動センター」同士の相互交流を推進する。
組　　織：「集落活動センター」の代表者で構成
体　　制：会長1名（任期2年）、副会長3名（任期2年）
事務局：中山間地域対策課　オブザーバー：市町村、集落活動センター推進アドバイザー
```

県域での「小さな拠点」ネットワーク組織は、全国初かつ唯一です。多彩な規模や内容の違いを逆に活かして、「自分たちと同じような地域やセンターが何をがんばっているのだろう」という地域住民の素直な興味・関心を結びつけています。

「集落活動センター連絡協議会」がお互いの「がんばり」をつなぐ

「集落活動センター連絡協議会」は、次のようなお互いの「がんばり」をつなぐ連携活動を展開しています。小さいけれど特色ある多彩なセンターが多数あるという魅力を活かすプラットフォームとなっています。

（1）総会、役員会の開催

毎年、すべての「集落活動センター」が一堂に会する総会を開き、アンケート調査などすべての「集落活動センター」の思いを活動に反映させる取り組みを進めています。

集落活動センター連絡協議会第6回総会の様子。高知県全県から150人以上が参加し交流した

（2）エリア別情報交換会の開催

集まりやすい近隣地域同士、日頃から情報交換のできる関係づくりのきっかけにしています。

（3）県と連携した人材育成研修の実施

「集落活動センター事業計画作成研修」など、実際に「集落活動センター」を取り巻くお金の出入りを「棚卸し」して、見える化するような実践的研修も始まっています。

（4）情報発信

「集落活動センター」のポータルサイト「えいとこうち」が開設され、情報交流に役立っています。また、メールニュースも配信され、迅速な情報共有を実現しています。

（5）共同での販売促進や観光開発

高知市中心商店街で、共同の特産品販売会の開催も盛んに行われています。複数で実施すれば、小さな「集落活動センター」単独では難しい品ぞろえやにぎやかさが実現できます。また、「土佐巡里（とさめぐり）」という「集落活動センター」のなかから、カフェやお食事どころ、さまざまな体験ができるところを紹介する素敵な観光案内冊子も作成されています。

ここがポイント！

同時多発的に共通テーマにチャレンジし、ネットワークにより成果と課題を素早く共有し、進化につなげていく手法は、マス・ローカリズムと呼ばれています（第7章第4節参照）。

5 事例紹介① 「大宮集落活動センターみやの里」
── 住民で株式会社を設立し、「合わせ技」の拠点を運営

ここからは高知県のなかの先進事例を紹介していきます。まずは、住民が立ち上がり、株式会社を設立し、暮らしを支えている、四万十市大宮地区の取り組みです。

JAのガソリンスタンド廃止の危機に住民が立ち上がる

高知県の南西部にある四万十市の大宮地区は、愛媛県境の山間部にある人口256人、129世帯、高齢化率47.0％（2019年現在）の地域です。

大宮地区にはJAの出張所があり、窓口業務のほか小売店とガソリンスタンドを経営していましたが、利用額の減少から、2005年に出張所の廃止案が示されました。出張所が廃止されると、最も近いガソリンスタンドでも県境を越えて約16kmと遠く、高齢化率が48％と高齢化が進んでいた大宮地区の住民にとって、重大な危機となることから、地区を挙げて存続運動を展開しましたが、同年10月、正式に廃止が決定されました。

そこで、住民代表8名が中心となって「農協事業継承委員会」を設置し、先進地視察や勉強会を重ねました。当初検討した農事組合法人では、小売店やガソリンスタンドなど農林業以外の事業活動は展開できません。地区で話し合いを重ねた結果、住民参加型の株式会社の設立を決定しました。そして2006年5月に「株式会社大宮産業」（以下、大宮産業）が発足したのです。地区内の136戸中96戸、約8割の世帯が平均6万円を出資し、出資金700万円が集まりました。

図2-7 大宮地区 位置図

「大宮集落活動センターみやの里」。店舗［上］とガソリンスタンド［左］が隣接して設置されている

多彩な「合わせ技」で黒字経営と社会増実現

大宮産業は設立後、県の「地域づくり支援事業」を活用して、JAから店舗と倉庫、給油所を購入し、小売店とガソリンスタンドの営業を再開しました。そして、同じく県の補助金を活用して店舗内に談話スペースを設けたり、燃料宅配用の小型のタンクローリー車を導入するなど、毎年少しずつ店舗や設備を充実させてきました。2013年5月には、県内9番目の「集落活動センター」として、「大宮集落活動センターみやの里」（以下「みやの里」）となりました。

「みやの里」のすばらしいところは、大宮産業を中核として分野を横断して展開している多彩な「合わせ技」です。部門別の主な活動を紹介すると次の一覧（表2-2）になります。

表2-2 「大宮集落活動センターみやの里」の部門別の活動内容

部門	主な活動内容
集落活動サポート	葬祭事業会場整備、侵入竹の除去・竹の有効活用
生活支援サービス	「株式会社大宮産業」によるガソリンスタンドおよび生活店舗の経営（宅配サービスや談話スペースの提供）、草刈りなどのサービス実施（大宮お助け隊）
安心・安全サポート	集いの場づくり（交流サロンの整備）、配食サービスの実施
鳥獣被害対策	集落ぐるみで防護柵の設置
体験交流・定住サポート	田植えなどの農作業体験イベント、ピザ焼き体験の実施・田舎暮らし体験の実施
農林水産物の生産・販売	米のブランド化（大宮米）と共同販売、野菜などの共同集出荷、肥料の共同購入
特産品づくり・販売	大宮地区への視察者を対象にした食事の提供
エネルギーの活用	太陽光発電（17.04kW）の設置

「みやの里」。野菜の共同集荷場［上］と店舗内の様子［下］

米やガソリンなどの販売による収益部門と葬祭・宅配などの地域貢献部門がバランスをとった形で展開されており、「大宮産業」も黒字決算を続けています。また、私（藤山）が2016年に訪問し人口診断をしたところ、直近の5年間で4歳以下の乳幼児が2人から11人に増えるなど、全体として社会増と人口安定を達成していました。これは快挙といえます。

ここがポイント！

大宮地区では、住民の自発的な動きを県や国がうまく後押しし、昔それぞれの地元にあった地域経営全体を担う「小さな農協」のような存在が生まれています。

6 事例紹介② 梼原町の挑戦
―― 6地区すべてに「集落活動センター」が開所

愛媛県境に位置する山間部のまち、梼原町では、伝統ある自治の仕組みをもとに、町内6地区すべてにそれぞれ特色ある「集落活動センター」を立ち上げ、連携させています。

六つの地区に宿る伝統の自治の力

　梼原町は、高知県の西北部、愛媛県境の山間部に位置し、人口3,556人、高齢化率44.1%（2018年現在）のまちです。四国カルスト高原へと続く急峻な山並みに囲まれ、近年、バイオマス・水力・風力による再生可能エネルギー活用や隈研吾氏の設計による木造建築など果敢な地域資源活用を展開しています。中心部には、電線が地中化されたおしゃれな通りもあります。2010年代に入ってからは、U・Iターンが増え、人口の社会増を達成している全国でも注目の自治体です。

　梼原町の地域づくりを支えているのは、明治以来の六つの区（56集落）を中心とした地域自治の伝統

図2-8 梼原町　位置図

図2-9 梼原町の六つの区　位置図

区ごとの人口と高齢化率（2018年）

松原区	263人	65.0%
初瀬区	129人	55.8%
四万川区	527人	53.5%
越知面区	543人	45.8%
西区	625人	44.5%
東区	1,469人	35.3%

です。道の草刈りから防災まで区ごとの住民自治組織が高い志と参加意識で取り組み、町役場も徹底した現場主義で支えています。「集落活動センター」が、自治体全域型を除き、高知県で初めて全地区開所したのも、区を基軸とした住民のつながりがあり、その土台の上に生まれ、育っているからなのです。

多様性と相互連携の両立 ── 特色ある区ごとの取り組みと相互連携

梼原町全体で「集落活動センター」を支え、つなぐ体制は、図2-10のようになっています。高く評価できるのは、特色ある区ごとの取り組みという多様性と、町全体での相互連携が仕組みとして両立しているところです。また、連携や支援の受け皿として求められる現場体制も一定の共通基盤が築かれています。

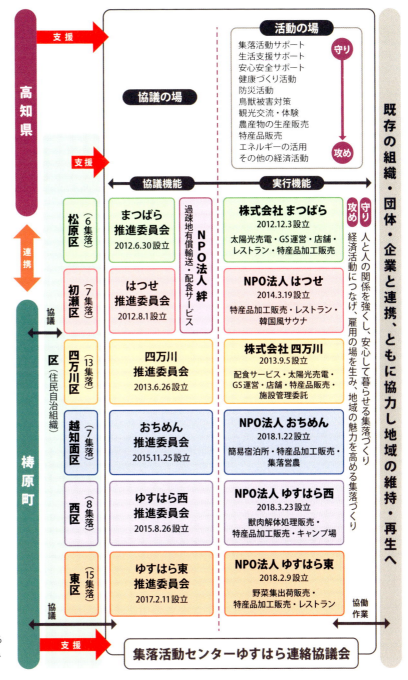

図2-10 梼原町における「集落活動センター」を支え、つなぐ体制

※GS：ガソリンスタンド
出典：梼原町「集落活動を支える小さな拠点づくり」2018年、14頁より改変

それぞれの区は、松原や四万川のガソリンスタンド、初瀬のレストラン、そして西区のジビエなど特色ある重点事業を展開しています。しかし、同時に町全体をつなぐ「連絡協議会」も結成され、情報共有や機能の相互補完が進んでいます。たとえば、西区で整備した獣肉解体処理施設とジビエカーは、町内全域をカバーして1日1頭以上の処理実績をあげています。また、6地区すべてにおいて、協議機能としての推進委員会と実行機能としての法人組織がそろっており、守りと攻めのバランスがとれた活動を実現しています。

梼原町全域で活躍するジビエカー。
野生獣の食肉を現地で一次処理する設備を備える

ガソリンスタンドからどぶろくまで ── 多彩な活動が目立つ松原区

松原区は、隣の初瀬区とともに、2013年1月、梼原町で最初に「集落活動センター」を立ち上げました。「できることから進める」を合言葉にしている松原区の動きは、スピード感があり、多彩です。

前出の四万十市大宮地区と同じくガソリンスタンド廃業の危機に直面した松原区は、2012年12月に「株式会社まつばら」を地域住民中心の110人の出資で立ち上げ、翌1月にはガソリンスタンドの運営開始と集落活動センターの開所を実現しました。その後も、介護予防事業などの受託（2013年4月以降）や地域食材加工販売施設「あいの里」の運営開始（2015年2月）を成し遂げ、2017年3月には地区の念願であったどぶろくの製造販売まで開始しました。

このような積極的な事業展開は、よい連鎖反応も生んでいます。加工販売施設「あいの里」の道向かいのパン屋とは、遠来の観光客も含め、お互いのお客さんが行き来する相乗効果がみられます。

株式会社まつばらで補修したガソリンスタンド

地域の食材を加工販売する「あいの里」

「あいの里」向かいのパン屋さん

特筆すべきは、隣接する松原区と初瀬区共同で、移動手段の確保に乗り出していることです。両地区とも、病院や商店などがある町の中心地から20km前後と遠く、朝夕2往復の定期バスでは困っていました。そこで、2011年4月、両地区合同で「特定非営利活動法人絆」を設立し、町から車両2台の無償貸与を受け、過疎地有償輸送（公共交通空白地有償運送）を始めています。「小さな拠点」をもつ地区同士が必要に応じて連携していく効果と可能性を示す事例といえるでしょう。

小さいからこそ個性がキラリ —— 山奥に本格韓国レストランをつくった初瀬区

初瀬区は、檮原町のなかで一番人口が少ない区です。それだけに集落維持に向けての危機感を募らせていました。

小さな地域だけに、あれやこれやと総花的な取り組みははじめから難しいところがあります。初瀬区には、2002年以来、韓国との交流により住民自らが創り上げた「鷹取キムチの里」があり、ファンから根強い支持を受けていました。そこで、とことん韓国にこだわりをもって、「チムジルバン・レストラン鷹取」を開設。おまけに韓国式サウナまで整備するという個性あふれる「集落活動センター」として進化させています。

縁辺性の高い山奥に中途半端な拠点機能をつくっても、外から人はやってきません。地域に根づいているこだわりの資源で「一点突破」し、足らない機能は近隣の区同士で補う戦略が山里に活気を生んでいます。

韓国料理を提供する「チムジルバン・レストラン鷹取」

レストランの内部

大好評の韓国料理

韓国式サウナもレストランに併設

ここがポイント！

地区すべてに「集落活動センター」がそろった檮原町。集落維持の共通の基盤をつくるとともに、個性ある活動の相互補完によってグループとしての魅力創出にも成功しています。

column

全国をリード
── 高知の「集落活動センター」

　2年ぶりに、高知県の「集落活動センター推進フォーラム」に出てきました。高知県では、2012年度から、複数の集落が一緒になって、分野横断型で地域づくりを進める「集落活動センター」を次々に誕生させています。私も、当初から推進アドバイザーを務めています。「集落活動センター」は、地方創生の中で全国的に取り組まれている「小さな拠点」の先駆的存在ともいうべきもので、次のような素晴らしい取り組みになっています。

　第一に、住民が主人公となり、柔らかな発想で、分野を横断した「合わせ技」を展開していることです。コミュニティづくりも農業振興も鳥獣対策も防災も生活サポートも「オーダーメイド」で組み合わせていきます。

　第二は、こうした住民のチャレンジを、県庁は、ソフトとハードをバランス良く組み合わせたメニューで支援しており、何よりも60人以上も県庁正職員「地域支援企画員」を「黒子役」として配置しています。こんな現場密着型支援体制は、他県では見られません。

　第三は、事業の継続性・一貫性です。前年度の綿密な全県集落調査を受けて2012年度から始まった「集落活動センター」事業は、他県や国の事業でよくあるように、2〜3年おきに「猫の目」的に変わることなく、毎年少しずつしかし着実に各地に花を咲かせています。7年目の今年度、その数は、ついに48箇所にまでなりました。

　第四は、このように全県に幅広く生まれた「集落活動センター」同士が上手に連携しています。2016年度には、連絡協議会が結成され、合同の研修会や特産品売り出しなど、横のネットワークを活かした相互進化や発展が加速しているのです。

　このような同時多発型で地元密着性と広域ネットワーク性を両立させた地域政策体系は、他の都道府県には見られないもので、まさしく地域づくりの未来形として全国をリードしています。今回のフォーラムでは、「集落活動センター」を軸とした地域ぐるみの活動で70代の医療費が2,000万円以上も削減されたという注目の報告もされました。「集落活動センター」の今後の進化にさらに期待です。

　　　　　『全国農業新聞』2019年3月1日 1面コラム「農と村のルネサンス」より（筆者＝藤山執筆）

第**3**章

「小さな拠点」の実践事例
PART2

農山漁村から都市、海外まで

本章では、いろいろな「小さな拠点」の実践例や参考となる拠点のあり方を紹介します。地域ごとに居住形態をはじめ優先される暮らしのニーズや課題解決の手法も異なります。しかし、基礎生活圏ごとに分野横断的な活動が展開され、住民の内発的な取り組みにより少しずつつくり上げていくという「小さな拠点」の本質は、共通しています。

1 沖縄の「共同店」
――「小さな拠点」のルーツの一つ

沖縄の集落には、「共同店」と呼ばれる集落単位で営まれている多機能の拠点があります。「小さな拠点」のルーツともいえるもので、コミュニティの暮らしを支える存在です。

住民の相互扶助から生まれた「共同店」

沖縄本島の北部の集落には、「共同店」（「共同売店」とも）と呼ばれる店舗が見られます。基本的に１集落に１店舗が配置され、もともと住民出資によって設立、運営されてきました。集落規模は大小さまざまですが、100人前後のものが多いようです。

近年では、ショッピングセンターやコンビニエンスストアの進出などにより、「共同店」数は減少しており、経営形態も個人に移管する場合も増えています。筆者（藤山）が2018年１月に最北端の国頭村を訪れたときに回ってみると、北部の縁辺部ではまだ多くの集落で「共同店」が続いていました。

共同店は、販売だけでなく特産品の集出荷などを含めた経済機能、育英や病気時の貸付、電話や香典の取次、共同バス運営などの福祉機能、住民間の情報交流機能など複合的な役割を果たしてきました。[*1]

最初にできた「共同店」とされているのは、1906（明治39）年に創設された「奥共同店」です。国頭村北部にあるこの「共同店」にはガソリンスタンドが併設されており、店内では食料品や雑貨などが販売されています。一角には、県立図書館と提携した「小さな図書館」コーナーまであって、単なる商店機能にとどまらない住民の相互扶助に基づくコミュニティ広場的な性格がうかがえます。

奥共同店の前景。ガソリンスタンドも併設

奥共同店のミニ図書館コーナー

奥共同店の店内。食料品と日用品がそろう

大切な住民の「たまり場」として

　一般的に「共同店」への買い物依存度は下がっているようですが、自家用車を持たない高齢者にとっては、食料品や日用品を得る身近な拠点として依然重要です。

「共同店」は、住民個人の委託販売にも応じています。これも国頭村北部の集落にある「安波共同店」に行ってみると、何と地元の「まつぼっくり」を委託販売されていました。おたずねしてみると、あるおじいちゃんが自分の泡盛代金を稼ぐため、山で集めて売っているとのこと。こうした温かみ・おかしみのある「ゆるさ」が「共同店」の魅力です。

「安波共同店」の横には、みんなが気楽に集い、話し、飲めるような「たまり場」もこしらえてあります。同様の「たまり場」は近くの「安田協同店」にもありました。都市を中心に高齢者の孤独が深刻な問題になっています。みんなが気軽に集い、話すことができる地域空間の重要性が見直されているのです。沖縄の「共同店」は、古くて新しい魅力と役割をもっています。

安波共同店の前景

安波共同店で売られていたまつぼっくり。地元のおじいさんの委託販売だという

安波共同店横のたまり場。夕方になると飲み会も

安田協同店の前景。気軽に立ち寄れるデッキもある

ここがポイント！

　「共同店」には商品を販売すること以外にも多様な役割があり、特に住民同士の集い、語らいをつないでいる機能が注目されます。

*1：小川護「沖縄本島北部の共同売店の立地と経営形態の変化」『沖縄地理』(8)、2008年、13-23頁。

2 秋田の「お互いさまスーパー」
——秋田県版「小さな拠点」の挑戦

秋田県では、商店閉鎖やバス路線廃止などに悩む集落において、地域課題解決の拠点として「お互いさまスーパー」を立ち上げる取り組みが2003年に始まり（県としての事業化は2015年度）、2019年10月現在、4地域で開所しています。

縁辺集落の買い物対策から生まれた「お互いさまスーパー」

「お互いさまスーパー」は、もともと集落内の店舗が閉店し、公共交通が撤退して日常の買い物が困難になったことからその対応策として考案されたものです。秋田県をはじめとする東北地方では、集落の平均規模は比較的大きく、また家同士も集まっているため、ひとつの拠点で集落全体をカバーする効果が想定できます（図3−1）。

図3−1 「お互いさまスーパー」の設置モデル

出典：秋田県『「お互いさまスーパー」ガイドブック』2018年、42頁

秋田県内最初のお互いさまスーパー「仙道てんぽ」。ミニショップに加工所や交流サロンを併設

加工室は30分200円の使用料で真空包装器などが使える。山菜の水煮をパック詰めし、店で販売するグループも

「仙道てんぽ」の売り場面積は67㎡。食料品や文房具がそろう

奥では交流サロンも開設。週2回の「お茶のみサロン」を楽しみに地元の高齢者が集まる

始まった分野横断の多機能化

「お互いさまスーパー」第1号は、羽後町の南西部、町中心部から南東に11kmほど離れた山間の仙道地区[*3]につくられた「仙道てんぽ」です。

「仙道てんぽ」開設のきっかけは、2003年のJA購買部の閉鎖を受けて、住民が運営委員会をつくり、業務を引き継いだことでした。2007年には委員会を「株式会社せんどう店舗」として法人化し、2016年に県補助金により店舗改装や交流スペース・直売所の新設などを行い、最初の「お互いさまスーパー」となったのです。

前ページの写真を見てもわかるように、販売機能だけでなく、産直コーナーや農産物加工施設、交流サロンなど分野を横断した多機能化が始まっています（図3－2）。

2番目に開所された五城目町の浅見内地区の[*4]「みせっこあさみない」には、食堂が併設されています。集落内の25人で構成される「浅見内活性化委員会」を母体として設立され、13人のスタッフが交代でがんばっています。客の9割は地元の住民で、「お互いさまスーパー」によって地域の一体感が高まったそうです。

全品500円以内で楽しめる食堂の売上げは、全体の1割程度ですが、高齢者の多い同地区にとって、貴重な交流の場になっています。

「みせっこあさみない」の食堂コーナー

図3－2 多機能の役割へと進化

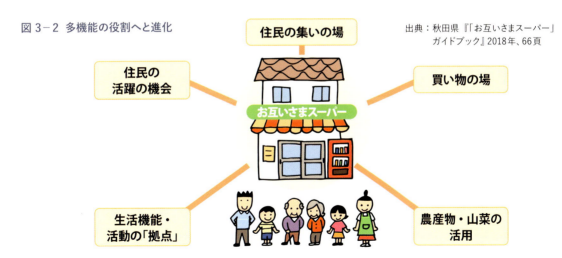

出典：秋田県『「お互いさまスーパー」ガイドブック』2018年、66頁

ここがポイント！

お互いさまスーパーは、秋田県として共通のコンセプトで取り組んでいることで、経営ノウハウや各種許認可の勘どころが地域を超えて波及し始めています。

＊2：平均人口221人（東北地方の過疎地域集落、2007年国土交通省調査）。
＊3：世帯数366、人口1,041人、高齢化率37.8％、最寄り店舗11km（車で15分）、2017年3月現在。
＊4：世帯数117、人口253人、高齢化率60.5％、最寄り店舗10km（車で17分）、2017年3月現在。

3 山口の「ほほえみの郷トイトイ」
—— 複合的な地域課題をつないで複合的に解決

山口市阿東地福地区では、農協の空き店舗活用を核として、各分野・各世代が抱える複合的な地域課題を柔らかくつないで複合的に解決するチャレンジが始まっています。

一石二鳥、三鳥の効果を狙う多業多役の取り組み

　山口市阿東地福地区では、独居や夫婦のみの高齢者世帯が増加するなか、2010年には唯一のスーパーが撤退するなど、買い物対策をはじめとして生活を支える仕組みの整備が急務となっていました。そこで、2011年に、「地福ほほえみの郷構想」の推進体制として地福ほほえみの郷運営協議会を設立し、各自治会を通じて各世帯に開設支援金を募り、地域拠点開設の準備を進めました。そして2012年に、地域の交流拠点としてミニスーパー機能を備えた「ほほえみの郷トイトイ」（以下、「トイトイ」）をオープンしたのです。産直コーナーも設置し、野菜づくりを生きがいにしている高齢者の出番もつくっています。

　連動して、地域内の女性がスーパーに併設して惣菜加工グループ「トイトイ工房」を立ち上げ、惣菜の販売を開始しました。惣菜づくりでひとり暮らしをサポートするとともに、地元女性の収入源ともなっています。

　2013年には、移動手段をもたない高齢者の買い物支援として、移動販売車をスタートしています。拠点での販売活動だけでなく集落現場に日々足を運ぶことで、地域に住む高齢者の暮らしの状況や課題の把握もあわせて行っているのです。

　このように、「トイトイ」の取り組みは、一つの取り組みが地域のなかで他の部門やグループにも及ぶ一石二鳥、三鳥の波及効果を発揮しています。

「ほほえみの郷トイトイ」正面入口

「トイトイ工房」が手づくりした小分けの惣菜が人気

併設の「トイトイ工房」。地域の女性たちが惣菜をつくり、ひとり暮らしをサポート

地域内の小さな力を紡ぎ、ほほえみの輪へ

2014年には、「地福ほほえみの郷運営協議会」が「特定非営利活動法人ほほえみの郷トイトイ」へと法人格の取得を行い、いっそうの取り組みの充実を図りました。たとえば、スーパー奥の交流スペースを活用して、介護予防事業「元気いきいき広場」を週2回開催することを続けています。

同じく、交流スペースでは、週1回、地域のいろいろな世代が食卓を囲む地域食堂がスタートし、ひとり暮らしの高齢者と核家族の子どもたちが交流する貴重な機会となっています。すばらしいのは、この地域食堂で使っている米は、子どもたちが田植えや稲刈りをして育てたものということです。

このような多岐にわたる「トイトイ」の活動によって、地域に暮らす一人ひとりの小さな力が紡がれ、感謝と幸せをお互いに感じ合う「ほほえみ」の輪が広がっています。

従来よく見られた個別課題に個別解決をかけていくやり方ではなく、複合的な課題に複合的な解決を見出す「トイトイ」に学ぶところは大きいと思います。

移動販売車「トイトイ号」［左上］／介護予防事業「元気いきいき広場」。週2回、高齢者の交流の場ともなっている［右上］／週1回の「地域食堂」。子どもから高齢者まで幅広い年代層が集まる［左下］／「地域食堂」で使う米は、子どもたちが育てている［右下］

ここがポイント！

「トイトイ」のような分野を横断した活動主体があると、行政や外部からの支援も「縦割り」「バラバラ」にならず、横串を刺したまとまりあるものに誘導できます。

＊5：世帯数639、人口1,269人、高齢化率51.8％（2018年現在）。
＊6：「トイトイ」とは地福地区に伝わるハロウィンに似た子どもが主役の伝統行事で、2012年に重要無形民俗文化財に指定されている。

4 漁村の港は伝統的な「小さな拠点」
── 生産、生活、文化が重なる空間

日本には、全国津々浦々およそ3,000の漁港があり、それぞれ多機能なコミュニティ広場となっています。そうした伝統的な「小さな拠点」を活かして、集落同士をつなぐ発想が重要です。

港は、コミュニティの中心&外への玄関口

漁村集落の港には、そのまま「小さな拠点」として機能できる空間機能が備わっています。まず多くの集落では、家屋や施設の配置が港を中心にコンパクトにまとまっています（明確な中心性）。また、港は、生産の場であると同時に生活の場、文化の場でもあるのです（分野を横断した複合性）。そして、外の海に開かれた玄関口でもあります（開放性）。

港周辺には、小さな路地のようなほどよいヒューマンスケールがもたらす心地よさがあり、神社などの空間が風情を醸しだします。つまり、

港に続く細い路地は、ほどよいヒューマンスケール（宇田郷地区）

港の一角にある鳥居が風情をかもし出す（平郡島）

図3-3 山口県阿武町宇田郷

「うおなの郷」。漁協と農協が共同経営

※国土地理院の2万5000分の1地形図「宇田」に施設名を追記。

居心地のよいコミュニティ広場的な空間となっているのです。

ただ、一方で、漁村集落は「小宇宙」的な独立性が高く、近隣集落との連携は一般的によくありません。港周辺の自然発生的な拠点機能を「サブ拠点」として活用するとともに、居住のコンパクト性を活かした移動販売や集落ごとの共用車両の配置など、漁村集落の港の伝統的な機能を活かした「小さな拠点」とネットワークづくりが求められています。

施設整備も「合わせ技」でコンパクトに

一般的に小規模な漁村集落では、地域内での拠点整備についても分野を横断した「合わせ技」の発想が必要です。

たとえば、山口県阿武町の宇田郷地区（人口557人、2017年）では、港近くに漁協と農協が共同店舗「うおなの郷」を運営しています。新鮮な魚と農産物が両方そろっていることが魅力です。

また山口県柳井市の瀬戸内海に浮かぶ離島平郡島（人口347人、2017年）では、島唯一の小学校に市役所出張所と公民館を隣接させ、さまざまな世代が出会い交流する拠点づくりを進めています。

港を中心にコンパクトにまとまっている漁村集落だからこそ施設整備もコンパクトに、縦割りを卒業したやり方で進めたいですね。

「小さな拠点」の形成は、それぞれの地域で特徴ある空間構成の伝統を活かして進めないと「木に竹を接ぐ」結果となってしまいます。

図3-4　山口県柳井市平郡東

隣接して整備されている市役所の出張所と公民館（手前）と小学校（奥）。世代を超えた地域のたまり場となっている

※国土地理院の2万5000分の1地形図「平郡島東部」に施設名を追記。

ここがポイント！

港がもつ生産と生活の場としての複合性や外部への開放性は、魅力的な「小さな拠点」形成に極めて重要です。山にも「港」をつくるような発想を求めたいですね。

5 地域食堂を始めよう
── 食が呼び起こす地域の絆、明石市の挑戦

「小さな拠点」には、ぜひ、地域食堂をつくりたいものです。つくる側も食べる側も、世代や分野を超えて柔らかくつながっていく不思議な力がそこにあります。

すべての小学校区に子ども食堂 ── 明石市の取り組み

兵庫県明石市（人口301,199人、2018年現在）は、近年、子育て世代が増えている自治体として、全国的に有名になっています。さまざまな先進的取り組みのなかで、「小さな拠点」と関連して注目されるのは、「子ども食堂」づくりです。2016年に「子ども食堂モデル事業」がスタートし、2018年12月までに28ある全小学校区に38カ所の「子ども食堂」がオープンしています。

明石市では、子ども食堂は、四つの機能を果たすものとして期待されています。第一は「食事」機能で、みんなが集うきっかけとなっています。第二は「交流」機能で、世代や属性を超えて人々が交流する場所となっています。第三は「遊び・学び」の居場所機能で、遊んだり勉強したりする子どもたちに安心できる空間を提供しています。第四は「気づきの地域拠点」機能で、支援が必要な子どもを早期発見し、早めの連携を可能にしています。

よく考えてみると、この四つの機能は、何も都市部の子どもたちだけでなく、いまや中山間地域や大人たちも含めて必要なことです。都市でも田舎でもひとり暮らしが増えていて、孤独や孤食の問題が深刻になっています。いまほど集まって食べることが貴重な時代はありません。

図3-6 明石版こども食堂の四つの機能

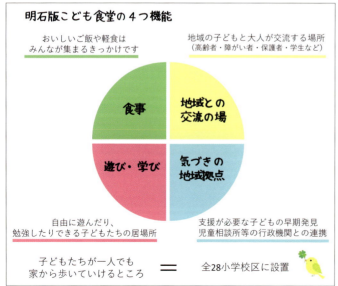

出典：あかしこども財団「あかしこども食堂図鑑」2019年、3頁

「みんなで食べる」が「みんなをつなぐ」

明石市の活動は、子どもに限定してのものにとどまらず、多世代に広がっています。

たとえば、花園小学校区にある「西明石サポーティングファミリー」は、月1回の子ども食堂だけでなく、子どもから高齢者まで誰でも気軽に立ち寄り相談ができる「地域支え合いの家」として活動を展開しています。市役所は、みんなが集まりやすいところで場所を借り上げるまでを行い、運営は地域側に任されています。私（藤山）が訪ねたときはちょうどお昼時でしたが、名物のお手製サンドイッチなどを囲んで話がはずんでいました。

沢池小学校区にある「Mama'sキッチンnono」では、週1回の「こどもレストランnono」が人気です。小さい子どもから高校生まで顔を出しています。

地域食堂には、みんなでおいしいものを食べるという人間の原初的な幸せで人々を集わせる大きな力があります。料理する人・食べる人だけでなく、食材を持ち込む人・後片付けを助ける人などみんなが少しずつ役割をもちながら関わることができます。いずれ、地産地消の地域食堂めぐりのようなスローツーリズムが生まれることでしょう。

西明石サポーティングファミリー「地域支え合いの家」。テーブルを囲んで会話がはずむ

Mama'sキッチンnono。子どもたちの読書コーナーもある

ここがポイント！

地域食堂は、小さな出番・役割・感謝を紡ぎ、「小さな拠点」への参画を引き出します。そして、みんなでおいしく食べること自体が地域の元気の源となります。

6 イギリス田園地帯のワンストップショップとパブ
──分散的居住へのイギリス的対応

イギリスの田園地帯では、分散的居住が優越するなかで、利便性を確保し人々の間の交流を促すため、日本では従来あまり見られなかった工夫をしています。[*7]

1カ所で用が足りる「ワンストップショップ」

　分散的居住地域において、従来の縦割りでバラバラの拠点配置では、業務展開に必要なヒトやモノの流れを維持することは困難となります。人口が減少すると、細切れにされたニーズでは、人を1人毎日雇うに足るだけの業務量が発生しなくなるのです。その結果として事業所を広域で統廃合すると、こんどはアクセスに不満が募ることになります。このようなジレンマに対し、イギリスでは、どのように対処しているのでしょうか。

　イギリスの田園地域で進められているワンストップショップ[*8]とは、行政による住民サービスの窓口機能などを分野横断的に1カ所に集めて、利用の利便性と運営の効率性を高めようという政策です。

　写真は、そのひとつ、人口3,202人の小さな町の中心部に位置するMoreton-in-Marsh Area Centreです。高齢者や身体障害者のサポートから職業紹介、そして行政手続きの受付、ミーティングルーム、IT研修センター、行政事務室など、実に多様な機能を有しています。2002年の4〜9月だけで、62,806人の利用があったそうです（2004年、筆者＝藤山現地訪問調査）。

Moreton-in-Marsh Area Centre
街中の集まりやすいところに立地

同Centre内の複合カウンター。
行政手続きをはじめ、さまざまな受付業務を担っている

同CentreにはIT研修ルームもあり、多様な機能をもっている

「パブ」こそ地域の「ハブ」

イギリスでは、「パブこそ地域のハブ」（The pub is the hub.）というユニークな政策も進められています。[*9]

イギリス田園地帯における住民意識調査によれば、人口3,000人以下の小規模自治体において最も地域コミュニティへの参画を促すサービス・拠点とされているのは、パブとなっています。

伝統的にコミュニティの「ハート」であったパブも、近年、閉店が多くなっています。チャールズ皇太子なども呼びかけ役となり、地域住民の参画も得て、パブの多様な活用手法を探り、多様な機能や交流のハブとして再生する取り組みが進められています。

たとえば、人口340人の村にあるWhite Hart Inn（Blythburgh, Southwold, Suffolk）では、閉鎖されていた郵便局と商店を、パブと同じ敷地内にある廃屋を利用して復活させる取り組みを行いました。加えて、地域住民は、通勤の行き帰りなどに日用品やビデオ、DVD、薬、クリーニングなどを注文し、受け取ることができるようになりました。地元の農家からの生鮮品も地産地消されており、合計13人の地元雇用を創出しています。[*10]

こうした単独では存続しえなくなった機能を複合化し、あわせて人々のインフォーマルな交流の場を再生するアプローチは、ソーシャル・キャピタルの維持・発展を考えるうえでも、重要な取り組みと評価できます。

表3-1「どのサービスや施設が地域コミュニティへの参画を促していると思うか」という問いに答えた割合——アンケート調査結果（複数回答）

サービスや施設の種類	(％)
地元のパブ	52
コミュニティホール	52
地元の商店	49
小学校	49
野外スポーツ施設	42
診療所、ヘルスケアセンター	41
便利な公共交通機関	39
地元の教会	38
中学校	33
保育園	31

出典：The state of the Countryside. The Countryside Agency, 2004

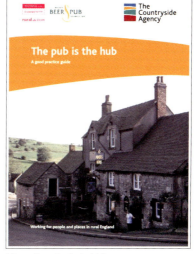

The pub is the hub 表紙

ここがポイント！

イギリスの田園地帯を旅すると、数百人の小さな村にも必ずパブはあり、酒場というよりも幅広い住民相互の交流や親睦の場として欠くことのできない存在となっていることがわかります。

＊7：ここでは主に現地調査や文献収集を行ったイングランドを対象に論じています。
＊8：Setting up One Stop Shops. The Countryside Agency, 2003
＊9：The pub is the hub. The Countryside Agency, 2001
＊10：The pub is the hub. The Countryside Agency, 2001

7 イタリアの田舎の基本セット、広場とカフェでチャオ ── 出会いと語らいのある空間

イタリアの小さな村をまわると、必ずそこには広場とカフェがあり、人々に出会いと語らいを提供しています。自宅と職場だけでなく、心休まる「サードプレイス」(第三の居場所) があるのです。

町や村の中心には必ず広場がある

　イタリアの地方行政を担う基礎自治体は、コムーネと呼ばれ、全国に8,101も存在します。イタリア全土の人口は約5,600万人なので、コムーネの平均人口は約7,000人となります。コムーネは農山村部では小規模なものが多く、人口5,000人未満が7割を占め、4分の1は1,000人未満です。私 (藤山) は、[*11]
2010年にイタリアの山間部の自治体を視察したのですが、小さな町や村であっても必ず中心に広場があることが強く印象に残っています。

　日本でも少し前までは、鉄道駅や役場の前に、その地域の「顔」となるような広場空間があったものです。小さな村や集落では、前述の港や神社の境内、お寺がその役割を果たしていたかもしれません。しかし、道路網の発達や市町村合併により、いまではここの町や村の中心はどこなのだろうというようなさびしい街並みが増えています。

　イタリアでは、間違うことがない明確な形で中心広場が配置され、小さな村であっても美しく整備されています。広場を活かして巡回市場なども開かれ、定期的ににぎわいの機会が創出されています。「小さな拠点」は、こうした地域の「顔」や原風景となる広場づくりにつながってほしいと思います。

広場で開かれている巡回市場。
衣服や生活用品を移動店舗で販売している

地方都市の広場。
歴史と落ち着きを感じる心地よい空間

小さな村の広場。
花に彩られて美しい

カフェでの語らいがイタリア人の生きがい!?

イタリアの広場や街角には、カフェがつきものです。イタリア人は、朝や昼、夕にとにかくカフェに立ち寄ります。そこで、顔なじみの常連と話し、笑い、愚痴を言うことが生きがいのように見えます。

最近、自宅と職場だけでなく、第三の居場所「サードプレイス」が人々の幸せや多様なつながりにとても重要だといわれています。「小さな拠点」には、ぜひそうした「サードプレイス」機能を織り込みたいものです。

イタリアでは、小さな村や街にも必ず広場があり、街角にはカフェがつきもの

居心地のよい、開かれた場所としての「小さな拠点」

この第3章では、国内外のいろいろな「小さな拠点」を見てきました。それぞれの地域に固有の要素と、より普遍的で大切な要素が、これらの事例には含まれています。

「小さな拠点」に求められる最も大切な要素とは何でしょう。第1章では、必要条件とされる8カ条を提示しました。しかし、それだけでは十分条件とはなりません。「小さな拠点」は、何よりも地域内外の人々が自然に集う空間に育てていくことが大事です。本章で紹介した事例は、共通して居心地のよい、地域内外に開かれた場所として「小さな拠点」を形成しています。サロンや食堂、たまり場、港、パブ、広場、カフェといった機能や空間は、自然な形で人々を誘い受け入れ、出会いと語らいを通じてつながりを深めさせています。こうした人々を柔らかくつないでいく役割と雰囲気を「小さな拠点」は、忘れてはなりません。それは、施設としての規模や機能にとどまらない、そこに集う人々の人間力の結集がもたらすものでもあるのです。

ここがポイント！

現在、世界的に「孤独」の問題がクローズアップされています。「小さな拠点」は、まず誰かと話せる場所をつくるといった発想が大切だと思います。

＊11：「イタリアの地方自治」財団法人自治体国際化協会、2004年。

column

「小さな拠点」に地元食堂を

　現在、全国的に、「小さな拠点」が注目されています。

　地方創生においても、小学校区や公民館区といった一次生活圏ごとに地域住民を主体として「小さな拠点」を形成することが重視されているのです。島根・鳥取両県においても、この「小さな拠点」は、重点的な中山間地域対策として位置づけられています。10年以上前から、それぞれの地元に分野横断の「郷の駅」を創ることを唱えてきた研究者として、大きな手応えを感じています。

（中略）

　このような「小さな拠点」づくりの核として、ぜひ組み込んでほしいものがあります。

　それは、食の「サードプレイス」です。「サードプレイス」とは、第一の家庭、第二の職場とともに人々の暮らしを支え、くつろげる第三の場所のことです。現在、日本やアメリカの大都市の多くで見られるように、自宅と職場の往復だけでは、人々は孤独になってしまいます。それぞれの地元で、自然と立ち寄りたくなる、顔なじみに会える、集いの場があることがとても大切なのです。「小さな拠点」を作っても、そこにみんなが楽しく集まらなければ、意味がありません。

　自然に人々を引き寄せる一番の力は、食です。古くからイギリスのパブやイタリア、フランスのカフェなど地域に根ざした飲食店が、その役割を果たし、幅広い交流の場として人々に愛されてきました。ぜひ、「小さな拠点」に、かわいらしい地元の食堂をつくってほしいのです。

　例えば、雲南市の入間地区（人口267人）では、旧小学校の木造校舎を素敵に改装して、交流センターと一緒に宿泊施設とレストランを運営されています。地元の女性によるおいしい料理が地域内外で大人気です。

　最近では、「こども食堂」のように、子供も含めて「生きづらい」状況を、食事を提供しながら柔らかく共有し、地域で解決していこうとする動きも見られます。また、一人暮らしが増える中で、みんなで集まって多彩な食材をしっかり食べることが、介護や医療の第一歩だという認識も広がっているのです。もちろん、地元の新鮮な食材を地産地消することで、小さな経済循環も生まれます。高知の土佐清水市斧積地区（人口200人）のように、無理をせず、月1回の「モーニングの日」から始めるのもよいと思います。

　それぞれの地元にローカルな食堂ができれば、定住相談の窓口や食べ歩きの観光メニューとしても、大きな可能性が生まれてくるのではないでしょうか。

『山陰中央新報』2016年7月31日「談論風発」（筆者＝藤山執筆）より抜粋

第 **4** 章

「小さな拠点」の
ネットワーク学
拠点をハブに地域内外をつなぎ直す

地域のなかに「小さな拠点」がポツンとできただけでは、地域の暮らしや内外の交流には役に立ちません。それぞれの集落や世帯、あるいは外部とつなぐ交通や物流のネットワークとセットで設計・運営を考えていく必要があります。本章では、地域内外の人やモノのフローの実情を把握し、「小さな拠点」という複合的なハブ機能を中心に新たなネットワークをつなぎ直す可能性について示していきます。

1 人と荷物を同時に運ぶ
――貨客混載の社会実験

序章第4節でみたように、人もモノも分野・部門別に縦割りで輸送されている実態があります。「小さな拠点」をハブとして、分野横断で束ねて運んでいく社会実験をしてみました。

全国初のデマンドバスによる貨客同時輸送実験 ―― 邑南町

筆者（藤山）は、2003年度の中国地方知事会共同研究報告書「中山間地域の新たな交通システム」のなかで、旅客と貨物の複合輸送を政策提言していました。この提言は、国土交通省中国運輸局の2005年度「公共交通活性化総合プログラム」として採択され、2005年、全国で初めてのデマンドバスによる貨客同時輸送実験が、島根県中央部の中山間地域に位置する邑南町の日貫地区において実施されました。

日貫地区は、谷の両側のかなり険しい山間部に分散的に集落・世帯が分布しており、真ん中の谷筋を走る1本のバス路線では、事実上バス利用が困難な住民が存在していました。そのため、地区の中心部にあるJAストアや町の中心部にある病院や商店への交通手段の確保が急務となっていました。

図4-1 日貫地区における家屋分布とバス路線

1台の車両で地区全体をカバー

日貫地域では、従来の1日5.5往復の路線型バスの運行に加えて、運行1時間前予約方式のデマンドバスにより、1日3往復の旅客・貨物複合型の交通システムの実証実験を行いました。貨物については、午後1時までに店舗に注文すると、当日の午後2時半から4時までに各世帯に配達する方式で実施しました。実験の概要は以下のとおりです。

> **デマンドバス実験の概要**
> ❶ 運 行 期 間：2005年12月1日〜2006年2月28日／運行経費（日額）18,000円
> ❷ 運 行 日 数：（月〜金運行）57日（うち全便利用なし6日）　＊豪雪による運休5日
> ❸ 旅客利用総数：263人（うち日貫地区内移動79人）／1日平均旅客数4.6人
> ❹ 貨物利用総数：17個（うち日貫地区内商店14個）／1日平均配達数0.3個
> ❺ 使 用 車 両：10人乗りジャンボタクシー（後部座席の背部が貨物スペース）

幹線を路線型バスが並行して運行しているにもかかわらず、1日5人程度の旅客需要が新たに創出され、そのカバー範囲は地区全体に及んでいます。また、デマンドによる迂回にともなうダイヤの遅れなどもなく、電話予約も含めて円滑に運営されたことも高く評価できます。

一方で、貨物単独での利用が比較的少なかった背景としては、冬季3カ月の実験限定運行のため、この地域で平均1日10個以上配達・集荷されている宅配便や農産物の出荷などの貨物輸送需要を取り込むことができなかったことが挙げられます。また、利用者は、ドアツードアのデマンド型により、実際には買い物の際に同時に重たい商品も持ち帰るという旅客・貨物同乗型の複合輸送が実現されており、貨物単独での配達が必然的に少なくなっています。

このような旅客貨物を同時に輸送する車両を「小さな拠点」を中継基地として走らせることで、分散した需要にまとめて対応する解決方法の有効性が実証されました。

日貫地区のデマンドバスは荷物単独でも配達

玄関先まで荷物とともに人を運ぶ

ここがポイント！

2017年9月から、それまで専門事業者が運行する乗合いバスに限られていた貨物混載が、過疎地を中心に規制緩和されました。

---

*1：藤山浩・森山昌幸他「中山間地域の新たな交通システム」中国地方中山間地域振興協議会、2004年。
*2：当時筆者（藤山）が所属していた島根県中山間地域研究センターによる受託業務として実施。
*3：世帯数235、人口669人、高齢化率40.1％（2005年現在）。
*4：宅配便各社へのヒアリング調査による。

2 「小さな拠点」をハブとしたシェアリング交通の効果——集落と「小さな拠点」をつなぐアワーカー・シミュレーション

現状では、地域の輸送の大部分は、1世帯に1台以上普及しているマイカーが担っています。集落や地域で共有車両を運行する効果をシミュレーションしてみました。

マイカーに代えてアワーカーで交通を組み立ててみる

シミュレーションの対象とした地域は、島根県浜田市弥栄自治区（調査を行った2008年時点の人口1,541人）です。弥栄自治区には、合計して1,009台の自家用車が存在していました。まず、国勢調査による通勤通学データなども参考にして、各集落からマイカーにより浜田市中心部の診療所ならびに支所に1日1回移動する場合に必要な車両数、総移動距離、経費、燃料消費量を、旅客や貨物の業務用の車両分も加えて計算します。

次に、郷の駅（=「小さな拠点」）に診療所や支所などを集約したうえで、集落ごとに郷の駅との間を結ぶアワータクシーを各1台運行するとともに、連動して郷の駅から浜田市中心部をつなぐアワーバスも運行し、ともに1時間に1回運行するダイヤを設定しました。そのうえで、必要な車両数、総移動距離、経費、燃料消費量を計算し、マイカーシステム時と比較してみました。これらのアワーカーは貨客混載可能なので、貨物の輸送も同時に行っています。

図4-2 集落および地域で共有車両（アワーカー）使用時のシミュレーション想定

基本的な考え方
❶ 移動したいときに移動できる
　➡ 最低でも1時間に1回の移動機会確保
❷ 自家用車ゼロを想定

アワーバス、アワータクシーの共通項
- 業務系貨物サービス5種については複合輸送を行う
- 通勤・通学で、朝は混雑を予想
　朝の時間帯2往復に臨時便
　➡ 徒歩外従業者等数（2000年国勢調査）から、必要な臨時台数を算出

アワーバス（30座席）
・1時間に1回運行
・浜田駅と郷の駅を往復
（12往復／日）

アワータクシー（10人乗）
・1時間に1回運行
・集落と郷の駅を往復
（13往復／日）
・基本的に集落に1台配備

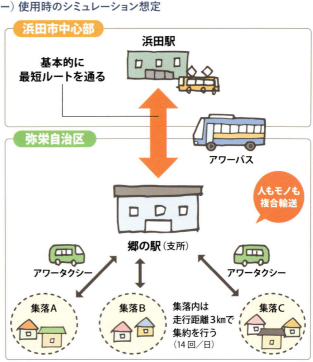

「小さな拠点」とアワーカーの組み合わせで大幅な車両・燃料削減が可能

各県で行われている道路交通センサス調査などのデータも勘案して現状を想定すると、1,000台以上の車両が1日合計2万km以上を走り回り、人々の交通や物流の需要を満たしています。1台平均にすると1日20kmとなり、大部分の車両は1日の大半を無駄に過ごしていることになります。

そこで、マイカーに替えて郷の駅とアワーカーによる輸送共有化システムを導入するとし、1時間に1回程度の交通アクセスを確保することにします。その結果、表4-1に示したように、必要な車両、走行距離、経費、燃料消費すべての項目で大幅な節減が可能となります。

ただし、最大1時間の待ち時間が生じることになります。あとは、「小さな拠点」の本質である複合性を活かして、この待ち時間を「死に時間」から「活き時間」に変えていけるかの勝負となります。それは、カフェなどでの交流タイムでもよいし、さまざまな分野で1人役に満たない「小さな役割」をお互いに果たし、サービス提供と雇用創出を同時に実現することができれば、地域全体としての大きな成果となります。

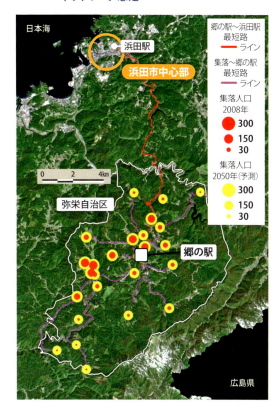

図4-3 弥栄自治区における郷の駅と集落とのネットワーク想定

表4-1 郷の駅とアワーカーを組み合わせた場合の効果比較

タイプ	必要車両台数(台)	総走行距離(km/日)	総経費(万円/日)	燃料消費(L/日)
マイカー＋業務系車両	1,009	18,865 うち浜田往復 12,373	130	1,662
郷の駅＋アワーカー（を導入すると）	51	5,431 うち浜田往復 749	115	905
差	▲958	▲13,434	▲15	▲757
節減率	▲94.9%	▲71.2%	▲11.5%	▲44.5%

※詳しい分析結果や前提条件等は、科学技術振興機構社会技術開発センター社会技術研究開発事業研究開発実施終了報告書「中山間地域に人々が集う脱温暖化の『郷（さと）』づくり」(2013年、島根県中山間地域研究センター他）を参照。

ここがポイント！

自家用車は速い交通手段に見えますが、自動車の購入費用、燃料代、維持費、保険代などを稼ぐために必要な時間を計算に入れると実質速度は5km未満という研究結果も出ています。

＊バーツラフ・シュミル著、塩原通緒訳『エネルギーの人類史 下巻』青土社、2019年、312頁

＊5：このシミュレーション研究の成果は、本シリーズの『「循環型経済」をつくる』第7章でも紹介しています。

3 「小さな拠点」を基点に何台をどう走らせるか？──全世帯カバーに向けたシミュレーションとワークショップ

「小さな拠点」を基点にして域内の世帯の交通・物流ニーズを共用車両でカバーするためのシミュレーションやワークショップについて検討してみました。

地域全体の世帯巡回には、基本的にどのくらいの時間と車両が必要？

「小さな拠点」づくりと連動して地域内の交通システムを考えるとき、第一の疑問は、どのくらいの時間と車両があればよいのでしょう。

たとえば、島根県益田市美濃地区[*6]では、世帯配置と道路網をもとにしたGIS（地理情報システム）を活用した分析により、97％の世帯が「小さな拠点」候補地である地区振興センターから10分以内で到達できます。しかし、こうした単純な到達圏分析だけでは、各世帯の交通や物流のニーズをカバーできません。新聞配達や郵便配達のように、多くの世帯を手続きも含め巡回するパターンも必要だからです。そこで、全世帯を巡回する交通サービスの所要時間を、以下のような手順でシミュレーションしてみました（図4－4）。

❶ 集落間の移動に必要な移動距離と時間の算出

❷ 集落内の全世帯巡回に必要な移動距離と時間の算出（各世帯所要時間を1分とし、[*7]集落中心点から各世帯への移動時間を推計）

❸ 以上の集落間移動、世帯滞在、集落内移動に関わる距離と時間を集計

この美濃地区では、約半日の4時間強で全世帯巡回が可能であることがわかりました。1台の車両があれば、1日に2回程度の巡回サービスが可能となります。

図4－4 美濃地区における全世帯巡回サービスの所要時間シミュレーション

❶ 集落間の最短移動経路の算出
［9.5km、16.2分で巡回可能］

❷ 集落内の全世帯訪問（6集落）
［合計 40.1km、248.1分で巡回可能］

・各戸滞在1分
・移動距離合計＝集落中心点から各世帯への直線距離の0.6倍の合計値で近似可能

❸ 1回の全世帯巡回サービス（6集落）
［合計 49.6km、4時間24分で巡回可能］

出典：国土交通省中国地方整備局・島根県中山間地域研究センター「高速道路等を踏まえた中山間地域構造分析調査」2015年

具体的な車両の動かし方をみんなで検討するワークショップ

広島県三次市川西地区[*8]では、「郷の駅」(=「小さな拠点」)整備検討と連動して、地域内と「郷の駅」をつなぐ交通システムについて、ワークショップで検討しました。川西地区には、図4-5のように45集落470世帯が点在しています。前頁のような全世帯巡回シミュレーションをしたところ、1台では11時間かかることがわかり、地区全体を3エリアに分けてそれぞれ1台の貨客混載の共用車両を配置する想定としました。まずエリア別に、「郷の駅」に向けて福祉的に移送が必要な世帯や農作物の出荷が見込まれる世帯を、大きく印刷した地図上にマークし、巡回経路を検討していきます。次に、3エリアの状況と経路を全体で重ねて、地域全体で連携とバランスのとれた交通システムを考えていくのです。

図4-5 川西地区の集落・世帯・道路の分布
※→は、すべての集落・世帯を一筆書きで巡回するコースを示す。

出典：中国地方知事会共同研究「中山間地域の定住と経済循環を支える拠点（地域運営の仕組み）の形成手法」2017年

*6：2015年度における国土交通省「小さな拠点」モニター地区に選定（当時：世帯数161、人口374人、高齢化率47.6％）。
*7：田園地域では、公道から各世帯の玄関までの距離が長いケースもあり、受け取り手続き時間なども含め1分と設定した。
*8：三次市川西地区の「郷の駅」(=「小さな拠点」)づくりの取り組みの詳細は第6章第4〜6節参照。

4 実際に人は日常的にどのように動いているか？
―― 邑南町道の駅の整備検討と連動した人とモノのフロー調査①

実際に、人々は日々の暮らしのなかで、どのように動いているのでしょうか。島根県邑南町で道の駅整備検討と連動して、人とモノの総合的なフロー調査をしてみました。

地域全体の世帯巡回には、基本的にどのくらいの時間と車両が必要か？

島根県邑南町[*9]において、道の駅の将来構想づくりと連動して行った人とモノに関する総合的なフロー調査の成果を紹介します。

邑南町は、中国山地中央部の広島県境沿いに位置する山間のまちです。図4-6に示したように、小さな谷間の集落に世帯が点在しており、地域運営は12の公民館区ごとに公民館を「小さな拠点」として集落を結びつけた自治組織を立ち上げて展開されています。ほぼ中央部に位置する「道の駅瑞穂」は、産直市をはじめ地域内外からの来客でにぎわっており、

図4-6 邑南町における世帯と拠点の分布と12の公民館区

出典：邑南町・持続可能な地域社会総合研究所「邑南町12地区とつなぐ『道の駅』構想づくり支援事業報告書」2018年
　　　以下、図4-14まで同。ここで紹介している交通分野の分析は、株式会社バイタルリードの協力により実施した。

さらに拡充発展していくための整備構想を2017年度にまとめました。「道の駅」の点としての整備で終わるのではなく、12地区の「小さな拠点」・各集落・世帯としっかりネットワークされた整備構想を目指しました。

住民の日常的な移動をGPSで「見える化」する

12地区の「小さな拠点」や集落、世帯としっかり結びついた「道の駅」からの交通ネットワークを設計するためには、まず人やモノがどのように動いているのか、具体的な経路や頻度も含めたわかりやすい現状分析が不可欠です。

まずは、人の移動について、GPS装置を使った「可視化」を試みました。これは、筆者（藤山）が委員を務めている国土交通省国土政策局から装置の貸し出しなどの支援をいただき、実施したものです。

図4－7は、12公民館区のひとつ、布施地区住民[10]29名に、1週間の移動経路を記録していただいた集約マップです。布施地区の各世帯から発生した移動は、地区内の「小さな拠点」である布施公民館やその近くを経由しながら、町中心部や道の駅、より高次な医療、商業、行政拠点が立地する場所へ向かっていることがわかります。

図4－7 布施地区住民の移動フロー（合計29名分、1週間：2017年10月10日～16日）

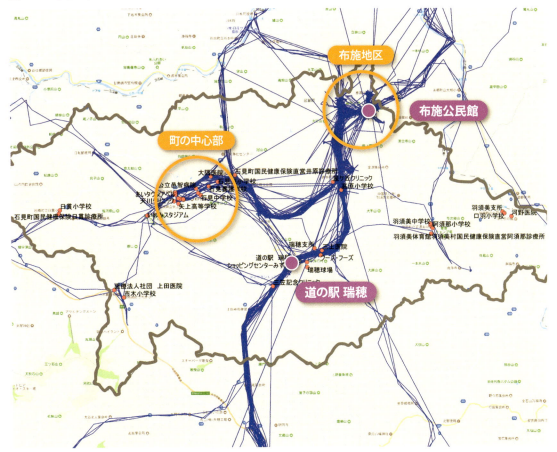

※布施地区生活行動実態調査より。回答者29名の行動状況。

地区同士の連結フローの共通点と相違点

　GPSを活用した移動経路調査は、布施地区だけでなく、井原地区*11（中心：井原公民館）と日貫地区*12（中心：日貫公民館）でも行いました。

　図4-8は、近隣地区における三つの地区の移動フローを重ねたものです。当然のことながら、3地区とも、移動経路が集中しているところは地元の中心地である公民館付近となっています。そして、地元中心部を経由しながら、役場や病院、ショッピングセンターなどがある町の中心部や道の駅周辺に向かうフローもかなり太い線になっていることも3地区に共通する傾向です。

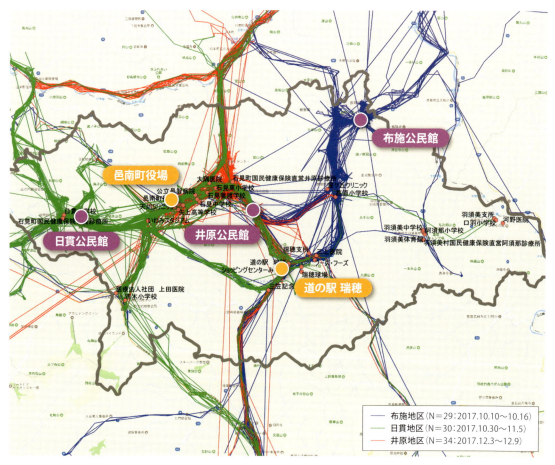

図4-8　3地区住民の近隣地域における移動フロー（合計93名分）

　また、興味深いのは、それぞれ10km程度、東西に離れている3地区においては、いま述べた地区中心部を経て町中心部に行く主流フロー以外の部分について、重点的なフロー方向が明確に異なっていることです。一番東側の布施地区の移動フローは北東方向に伸びていますし、真ん中の井原地区は北方向に伸びています。そして、一番西側の日貫地区は、西側に伸びています。こうした地区ごとの微妙な重点方向の違いは、このようなリアルなGPS調査で初めてわかる事実です。

広域的な移動フローの実情と「束ねていく」可能性

次は、より広域的な移動フローの実情を3地区分重ねて見ていきましょう（図4-9）。

3地区の住民の各1週間の移動フローは、かなり広域に広がり、島根県の県庁所在地である松江市（邑南町役場から112km、1時間55分）や広島県の県庁[*13]所在地である広島市（同80km、1時間10分）まで伸びています。また、西寄りの日貫地区からは、最寄りの市である浜田市（同34km、38分）や江津市（同30km、44分）へ、東寄りの布施地区からは北の大田市（同43km、50分）への移動が一定程度見られます。

図4-9 3地区住民の広域における移動フロー（合計93名分）
- 布施地区（N=29：2017.10.10～10.16）
- 日貫地区（N=30：2017.10.30～11.5）
- 井原地区（N=34：2017.12.3～12.9）

1週間という比較的短い期間においても、移動行動は町内だけに収まらず、より高次な機能を求めて、広域に及んでいます。今後の交通システムの進化を考えるうえで、基礎的な一次生活圏内から二次・三次圏内までをいかに階層を超えて連結するかが問われます。

ここがポイント！

移動行動の9割以上は、自家用車でそれぞれバラバラに行われています。しかし、その経路は一定の法則性を有していることから、今後の集約に向けた進化の可能性をもっているといえるでしょう。

*9：人口11,105人、高齢化率43.1％（2017年）。　*10：人口182人、高齢化率51.1％（2017年）。ちなみに布施地区は最小で、邑南町の公民館区の平均人口は925人（2017年）。　*11：人口676人、高齢化率43.2％（2017年）。　*12：人口487人、高齢化率51.3％（2017年）。　*13：距離と所要時間はグーグルマップによる計測。以下も同。

5 実際にモノはどのように運ばれているか？
── 邑南町道の駅の整備検討と連動した人とモノのフロー調査②

貨物の輸送については、人の場合とはまた異なった拠点配置と配送パターンが見られます。また、貨物のなかでも宅配便や郵便、新聞といった各部門によって配送パターンの違いが目立ちます。

宅配便は、より広域でハブ拠点を集約し、集出荷

まず、いまや、暮らしの基本ネットワークともいえる宅配便の状況です。代表的な輸送業者として、A運輸の場合を紹介します。

宅配便の配送拠点は、邑南町内だけでなく、旧邑智郡全体を対象とする広域ハブ拠点が隣町に設置され、そこから方面別に集出荷のトラックが走っています。また、このハブ拠点は、より広域の高次なハブ拠点とのゲートウェイともなっています。

方面別の配達量を人口分布から推計してみると、ハブ拠点から最も遠く人口規模も小さい羽須美エリアは平常時1日15個程度となります。これはかなり採算的には不利な水準と判断され、特に不在時の再配達などが入ると、採算割れが懸念されます。つまり、もとから分散型居住が優越している中山間地域

図4-10 邑南町周辺における宅配便の配達状況

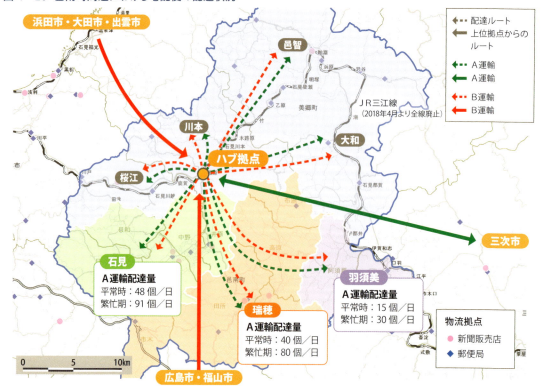

※配達量は町内全域の個数をもとにエリア別の世帯数より算出。

において人口減少が進行すると、宅配便という一部門単独の配送体制では、持続性が見えづらい状況が生まれているわけです。

郵便部門で異なる拠点と配達フロー

次に郵便の運び方を見てみましょう（図4－11）。

まず、宅配便と異なり、ハブ拠点は邑南町全体を対象として、瑞穂地区田所郵便局に置かれています。より高次な外部のハブ拠点からのゲートウェイもそこに設定されています。そして、町内向けには、石見地区の基幹郵便局（中野郵便局）と羽須美地区の基幹郵便局（口羽郵便局）に送られ、そこで配達や集荷を行います。このような輸送ルートのパターンも宅配便とは異なっています。

また、宅配便と同様に、エリア別の配達量はかなり少なくなっており、ゆうパック部門単独での採算性は危うくなっていることがうかがえます。簡易郵便局を含めると、身近な地域にまだかなり残っている郵便局ですが、集荷や配達を行う基幹的な郵便局は数が絞られているのが実情です。

次の新聞の場合も含めて、ここまで物流の各部門の間で、拠点、ネットワークの設計と運営が食い違うと、それぞれの細分化された需要に対する別個の整備と運営のコストが余計にかかってしまいます。人口減少が進行すると、明確な事業持続性に危機が訪れる構造となっているのです。

図4－11 邑南町周辺における郵便の配達状況

※配達量は町内全域の個数をもとにエリア別の世帯数より算出。

新聞部門でも独自の拠点と配達フロー

　新聞の配達システムは、また独特です。
　図4-12のように、新聞社ごとに配送ルートは異なります。島根県の主要地方紙である『山陰中央新報』は、出雲市にあるメインの配送センターから直接町内の各販売店に届けられます。これは、最もシェアが高くまとまった部数になっているからです。次にシェアが高いと想定される『中国新聞』は、三次経由で同じく町内の各販売店に届けられています。その他の各新聞は、先ほどの宅配便のハブ拠点がある隣町まで販売店代表が取りに行って、そこから町内の販売店に届けられるパターンとなっています。

　新聞配達についての課題は、二つあります。一つは、配達の末端を担う地元の販売店の経営が世帯数の減少などで苦しくなっていることです。実際に、町内のある地区では、販売店が廃業し、住民が事業組織を立ち上げ、新聞配達業に乗り出しています。もう一つは、新聞は配達オンリーで、せっかく毎朝各集落の隅々まで行きながら、集荷せず「手ぶら」で帰っていることです。

図4-12 邑南町周辺における新聞の配達状況

ここがポイント！

序章第4節でも指摘した物流部門における縦割りが現実の問題としてあらわになっています。人のフローと同様に、そろそろ抜本的な構造転換が必要です。

6 「小さな拠点」を基点にハブ＆スポーク構造を重ねる──一次生活圏でまず「合わせ技」の循環系をつくる

一番手間暇がかかるのは、いわゆる「ラスト1マイル」の各世帯へ人やモノを送り届けるパートです。「小さな拠点」を基点とした複合的なネットワーク形成が解決策となります。

「小さな拠点」を核とした複合的な循環系をつくり、つなぐ

　本章では、旅客と貨物の複合輸送や、共用車両による交通体系を取り入れることで格段の改善が見込まれるにもかかわらず、人とモノの両分野における現状の輸送フローは、個人別や部門別に細分化されている様を分析してきました。一方で、具体的な移動や輸送の経路が総合的に把握すれば、新たな統合型の交通体系の可能性も展望できます。

　人にしてもモノにしても、一番手間暇つまりコストがかかっているパートは、1軒1軒送り届けるいわゆる「ラスト1マイル」です。分野・部門別では輸送ロットが小さくなったのにもかかわらず、別々の車両で縦割り輸送が行われている限りは、効率は上がりません。一次生活圏程度の圏域において（邑南町の場合は、平均1,000人弱の公民館区）、人とモノ両分野の複合的な結節点として「小さな拠点」を整備し、そこから同じ車両で「合わせ技」の輸送を各集落・世帯に行う方式が必然的に求められます。そして、そうした一次循環圏をつなぎ、外部のより高次な循環系と接合するハブ拠点（この場合は、道の駅）をつくるという「二重の循環圏」への進化が必要です。

図4-13　邑南町における「小さな拠点」と「道の駅」による二重の循環圏構想

求められる複合的なターミナル機能と「待ち時間」の活用

　このような二重の循環圏を形成していくためには、それぞれのレベルの圏域でハブとなる複合的なターミナル機能を整備することが不可欠です。

　たとえば、邑南町全体12の公民館区を束ねることが想定されている「道の駅」では、町外からそれぞれ分野・部門別に輸送されてきた人やモノのフローを「荷さばき」し、人もモノも横断的に輸送する地区ごとの車両に移し替えていきます。そして、この地区ごとの複合輸送車両は、一次生活圏のハブ拠点である「小さな拠点」を基点として地区内の各世帯からの人やモノの移動ニーズも同時に受け止めながら、「道の駅」へと還っていくのです。そうして町内全体でまとめられた農作物などの輸送ニーズ（少量多品目の流通にも対応できるところに注目）は、輸送ロットとしては大きくなった単位で都市圏などへと運ばれていきます。今後はこのような複合的なターミナルとネットワーク機能を支える情報技術や物流システムなどの進化が期待されます。

　また、アワーカーシミュレーションのところで力説したように、「小さな拠点」と「道の駅」の両方において、「待ち時間」を無駄にしない活用策が重要です。それぞれの拠点の複合性がもたらす「小さな就業」機会の創出や、サードプレイスとしての居心地のよさが求められるのです。

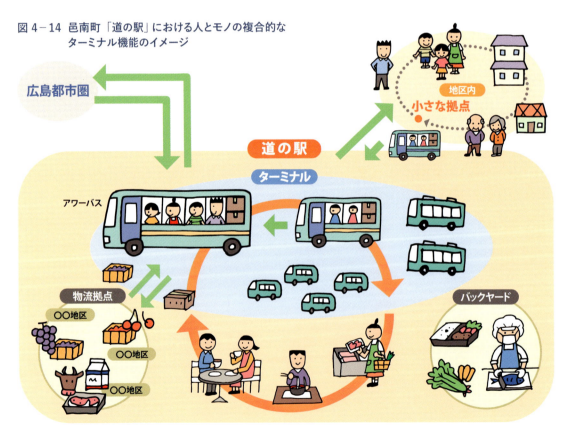

図4-14　邑南町「道の駅」における人とモノの複合的なターミナル機能のイメージ

ここがポイント！

人とモノが安全に相互乗り入れできるターミナルと車両の設計が重要です（詳しくは第7章参照）。

第**5**章

「小さな拠点」の
経済学

地元循環圏の核として

　いままでの拠点整備は、一定規模以上の人口集積を前提に、大規模に集中した施設整備を行い、専門的に特化した製品やサービスの提供を目指していました。中山間地域では、そうした「大規模・集中・専門化」に基づく拠点整備は、望むべくもありません。では、「小さな拠点」は、最初から経済的には成り立たない赤字施設と考えるべきなのでしょうか。

　本章では、自然と共生し、人と人のつながりが息づいている集落地域だからこそ、長い目で「小さな拠点」を核にして循環圏を形成していけば、持続可能な形で地域経済が回っていく可能性を示していきます。

1 地域経済を支える「小さな拠点」の方法論
―― 暮らしの実質を長い目で安心なものにしていく

「小さな拠点」は、地元の資源を長期的な視点で活用し、住民同士のシェアリングや部門・施設同士の共同化を進め、地域経済全体の連結決算を黒字にしていくことを目指します。

「小さな拠点」において求められる経済的貢献

「小さな拠点」において求められる、地元の暮らしに貢献する経済的利益の創出方向は四つあります。

第一は、一番当たり前の方法ですが、収入を伸ばすことです。これまでと同じ商品やサービスであれば売上げを伸ばすことになりますし、新しい商品やサービスを開発・導入することも含まれます。ただし、どこの地域でもそうした努力はするはずなので、いままで使われていない地元資源を活用するといった新しい機軸が必要となります。

第二は、いままでかかっていた支出を減らすことです。収入金額は変わらなくても、暮らしに必要であったコストが低減できれば、実質的に楽になります。たとえば、介護費用や医療費のように、もともとやむをえず支出しているコストが減ると二重の効果となります。

第三は、公平な分配です。収入が大きく伸びたとしても、あるいは支出が大きく減ったとしても、その利益やコスト削減の効果が特定の個人に集中したとすれば、地域住民全体の暮らしはあまり変わりません。「小さな拠点」は地域みんなのものですから、一部だけが得をしてはいけないのです。

第四は、長期的な持続性です。普通の私企業と異なり、それぞれの地域は世代を超えて持続していく安定性が求められます。四半期ごとの株価に一喜一憂するようではダメで、せめて四半世紀くらいの長期的な視点で評価する必要があります。

図 5-1 「小さな拠点」が地元の暮らしにもたらす四つの経済的利益

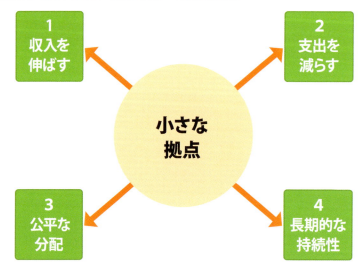

「小さな拠点」に想定される経済的利益創出のアプローチ

では、「小さな拠点」がこのような経済的貢献を果たすためには、どんな具体的なアプローチが想定できるでしょうか。

第一は、収入を伸ばすとともに域外への支出を抑えるための「地元資源の活用」です。最近注目されている地元の再生可能エネルギーは、その代表的なものです。

第二は、「長期的利益の追求」です。たとえば、上記のように再生可能エネルギーの活用を図ろうとすれば、「小さな拠点」には地元のエネルギーステーションとしての先行投資が求められます。短期的にはマイナスとなっても、20年、30年単位でみれば、地域全体に収益をもたらすような枠組みをつくり、賢い先行投資をするのです。

第三は、「シェアリング」です。それぞれが資産を占有するのではなく、お互いの利用を阻害しない形で共有できれば、購入や維持のコストが大幅に下がります。

第四は、「合わせ技」です。各施設の雇用や売上げをつないだり、共通部分を共同化することにより、単独では実現できない事業の持続性が生まれてきます。

第五は、「連結決算」です。一部門の単独決算では赤字であっても、他部門への波及効果があり、地域全体では黒字を創出するような取り組みを後押しすべきなのです。

図5-2 「小さな拠点」に想定される経済的利益創出のアプローチ

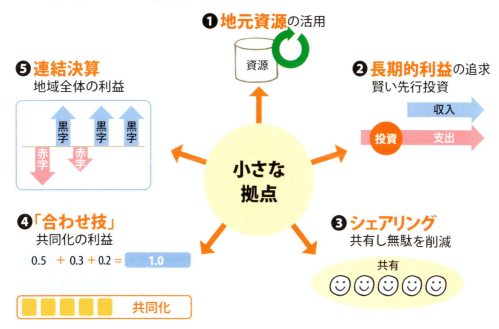

ここがポイント！

「小さな拠点」が目指す経済利益は、域内の住民一人ひとりの幸せな暮らしに直結したものです。域内においては、「共生原理」が「競争原理」に優越するのです。

2 地域のエネルギー消費と再生可能エネルギーの実態

暮らしのなかでエネルギー費が占める割合は大きいですが、地域を見渡してみると、水力、風力、太陽光、バイオマスなどのたくさんの再生可能エネルギーがあります。

(第2～4節執筆：豊田知世)

地域のエネルギー消費量の実態 —— 1,000人の村で計算してみる

私たちの暮らしのなかで、エネルギー関連に支払っている費用は案外大きいのです。たとえば、1,000人規模の地域のエネルギー支払額を推計すると、年間およそ2億円以上が支払われています（表5-1）。このうち、一部は地域内の所得として還元されますが、わが国のエネルギー自給率は8％のため、このほとんどが海外に流出していることになります。

業務部門のおよそ半分は動力や照明で、残りの半分は熱用に利用されます（図5-4）。家庭部門の平均的なエネルギー消費の内訳は、動力・照明が36％、給湯28％、暖房25％、厨房9％、冷房2％となっており（図5-3）、熱としての需要が大きいことがわかります。地域資源を活用したエネルギーを考える場合、熱利用の視点からみることも重要となります。

表5-1 1,000人規模の地域のエネルギー支払額の推計——年間

(単位：千円)

	石油製品			都市ガス	電力	部門別合計
	軽質油製品	重質油製品	LPG			
農林水産鉱建設業	6.650	5.577	436	11	4.085	16.758
製造業	1.824	4.395	8.850	379	28.793	44.241
業務地（第三次産業）	7.282	2.332	8.422	974	46.506	65.515
家庭	5.049	0	26.022	135	52.141	83.347
運輸	21.243	0	0	0	0	21.243
合計	42.048	12.304	43.730	1.498	131.525	総合計 231.105

出典：資源エネルギー庁「都道府県別エネルギー消費統計」、内閣府「県民経済計算」より筆者（豊田）推計。中山間地域の集落を想定

図5-3 一般世帯のエネルギー消費割合

冷房 2%
暖房 25%
動力・照明他 36%
給湯 28%
厨房 9%

図5-4 業務部門のエネルギー消費割合

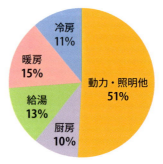

冷房 11%
暖房 15%
給湯 13%
厨房 10%
動力・照明他 51%

出典：日本エネルギー経済研究所計量分析ユニット編『エネルギー・経済統計要覧』2017年

再生可能エネルギーの資源量 ── 需要に見合う供給が可能

　中山間地域には電気や熱の元となる自然由来（太陽光、風力、中小水力、バイオマスなど）のエネルギー源再生可能エネルギー（以下、再エネ）が豊富にありますが、日本の再エネ利用率は8％のみで、そのほとんどが利用されていません。地域資源としての再エネは、利用の可否に関係なく理論的な資源量をみる「賦存量」とそのなかから利用可能な量を取り出した「利用可能量」があります。

　たとえば、島根県邑南町の調査によると、町全体のエネルギー需要量と同じ程度の再エネが利用可能であり、賦存量はその200倍以上あることが推計されています[*2]（図5-5）。カロリーベースの推計のため、再エネで代用できるエネルギーと再エネでは対応できないエネルギーがありますが、使えるエネルギー源があるが使われていないのが現状です。

　すでに私たちの生活はほぼ不自由なくエネルギーを利用できる環境にあるため、再エネを利用する施設を新たにつくる場合、新たな社会的な費用が発生してしまいます。その一方で、長い目でみれば、再エネを地元から調達する場合、地域内で経済のやりとりが行われるため、地域内に回るお金が増え、経済波及効果が増加することが期待されています。

　再エネ利用による効果は、環境的な視点はもちろんですが、地域経済への長期的な影響と、経済活動による効果が他部門へ波及する複合的な視点で見ることが必要です。

図5-5　再生可能エネルギー資源の賦存量と利用可能量 ── 邑南町の場合

ここがポイント！

せっかくエネルギーに利用できる地域資源を豊富にもっているのですから、地元の経済にも貢献する地域資源の使い方について考えてみましょう。

*1：電気コンセントを使い、他に分類されないもの。照明、冷蔵庫、掃除機、テレビなどを含む。
*2：邑南町『邑南町地域新エネルギービジョン──環境にやさしいエネルギーを活かすまち』邑南町、2008年。

3 「小さな拠点」に導入できる再生可能エネルギープラント

再エネを利用すれば、必ず地域経済への波及効果が生まれるのでしょうか。実は、利用方法によって効果は限定的になってしまいます。地域経済循環効果を増やすためには、管理可能なエネルギープラントを選択し、運営していくことが鍵となります。

再生可能エネルギープラントの選び方 —— 大規模集中vs小規模分散

　電力固定買い取り制度（FIT）の導入によって、再エネの利用は全国で普及が進められています。しかし、中山間地域では再エネ施設の建設に反対する声も少なくありません。その要因の一つは、FITによって再エネ発電による収益がある程度確保されるため、地元以外の企業が発電施設を建設運営し、売電収益のほとんどが地元以外に流出しているからです。

　地域エネルギー利用による経済的な効果を地元に還元したい場合、地元の資源を利用するだけでなく、エネルギー施設も地元で管理・運営していくことが鍵となります。これまでは、大規模集中型の施設から供給されるエネルギーを利用していたところも、今後は地域資源を利用して小規模分散型のエネルギー施設を管理運営することも必要となってきます。

　エネルギー施設は、個人レベルで用意できる薪ボイラーのような簡易的な施設から、発電も可能な高性能の施設まで幅があります。発電が可能な施設は、高額になるため、個人で調達するのではなく、地域の金融機関（地方銀行や第二地銀、信用金庫、JAなど）の協力も必要となります。

図5-6 大規模集中型と小規模分散型の比較

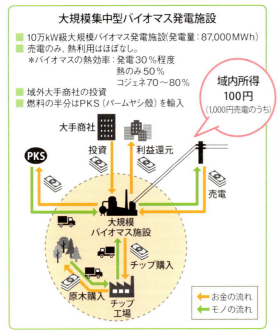
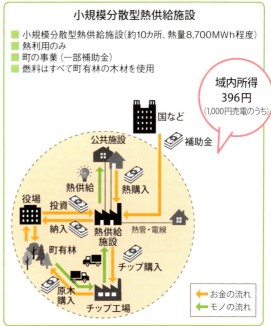

導入できる再生可能エネルギーのタイプ

　再生可能エネルギーの導入には、二つの理由から熱利用に注目すべきです。一つは、地域で必要なエネルギーの半分は熱だからです。家庭部門でも業務部門でも熱需要が大きく、1年を通して需要が発生しています。もう一つは、エネルギーに転換する場合、電気よりも熱へ変換するほうが効率は高くなるからです。ただし、配管をつないで熱を運ぶ場合、熱の損失があることと社会インフラ整備が必要となるため、エネルギー需要先の密度に適した施設にする必要があります。

図5-7　熱を捨てないバイオマスエネルギープラントがおすすめ

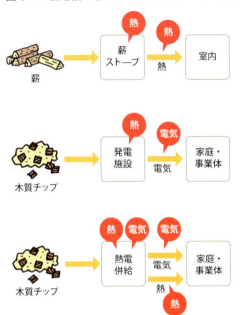
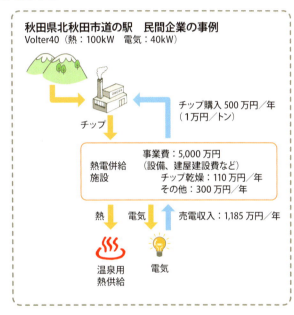

　FITによって大規模な木質バイオマス発電施設が全国的に建設されていますが、その多くの施設で海外から輸入したヤシ殻や木くずを燃やし、発電した電気のみを売っています。しかしそれでは、地域の経済循環に与える影響はほとんどなく、発電過程で発生する熱も無駄になります。熱もうまく利用しながら、エネルギー化していくことが重要です。

　熱も電気も利用する熱電併給施設は、まだ数は少ないですが、全国でいくつか導入されています。たとえば、秋田県の道の駅では熱電併給施設が導入されており、道の駅に併設されている温泉施設に無償で熱を供給し、電気はFITの枠組みのなかで販売しています。地元産のチップを購入し、地域内経済循環をうまく回しながら、熱も余すことなく利用している好例です。

ここがポイント！

地元の経済への貢献を期待するなら、地元から調達した地域資源を利用して、地元で管理運営するエネルギー施設の導入が鍵となります。

4 「小さな拠点」における エネルギー循環シミュレーション

ヨーロッパ諸国では、住民が資金を集めて地域資源を活用したエネルギーを利用し、管理しています。長期的にみるとそのほうが地域にお金が回るため、地域への利益も大きくなります。

住民同士が投資し、エネルギー協同組合を設立 ── ドイツの取り組み

ドイツでは住民自らが出資し、地域資源を使ったエネルギーを管理するエネルギー協同組合が組織され、地域で使うエネルギーをまかなったり、外部に販売して利益をだしたりしています。ドイツの再エネ普及率はおよそ30％ですが、その半分は住民自らが主体となって管理・運営しています。

住民主体のエネルギーは、地域住民の合意形成が必要となります。住民主体のエネルギー施設を管理・運営する場合、地域エネルギーによる利益を住民に還元する仕組みを認識し、将来の地域の目標を共有していくプロセスが必要になるため、ドイツでは住民が主体となったワークショップや勉強会などが開催されています。

住民だけではなく、安心して投資できる環境整備、再エネ普及を支える法制度、住民主体の取り組みが行いやすい地域づくりのほか、利益が還元されている地域からノウハウを学ぶ姿勢も重要です。

「小さな拠点」に再生可能エネルギー施設整備時の長期シミュレーション

エネルギー施設は費用がかかるため、地域住民の合意を図るには、長期的な視点から、お金がどのように循環するかを理解してもらうことが必要です。では、秋田県北秋田市の「道の駅」で導入されているVolter40を事例に、ドイツのような住民主体のエネルギー協同組合をつくって管理した場合、利益やお金の流れがどのようになるのかシミュレーションしてみましょう。

Volter40は、木質チップを燃料にした小規模分散型の熱電併給設備です。ここでは1,000人規模の地域で、熱エネルギーを熱電併給設備から供給し、発電した電気はFITの価格で販売するケースを想定して、20年のお金の流れを可視化してみます。なお、熱は1カ所でつくり、導管を通して複数の建物に供給すると仮定しています。

1,000人規模の地域の、エネルギー費用は年間およそ2億円です。現状は、エネルギーのほとんどを地域外から調達しているため、エネルギーを利用しても地域の利益はほとんどない状況です（図5－8下の右図）。一方、地域資源を原料に、住民が出資したエネルギー施設を利用する場合、エネルギー費としての支払いは地域に還元されるため、地域経済への波及効果が大きくなります。図5－8左図がVolter40を導入した場合のお金の流れを表しています。熱電併給施設や熱管の社会インフラを整備するために初期費用がかかりますが、事業による内部収益率は10％以上になることが推計されます。

図5-8 「小さな拠点」に熱電併給プラントを整備した長期シミュレーション──1,000人規模の地域のケース

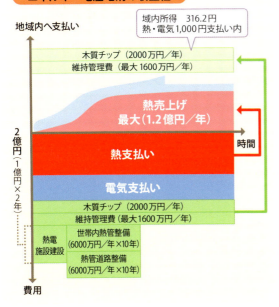

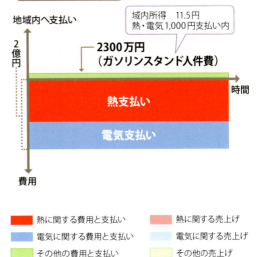

　配管で送られてきた熱を家庭で利用するためには改装工事が必要になり、社会的な追加費用もかかります。しかし、木質バイオマスを地元から調達する場合、熱や電気の売上げの一部が木質チップや薪などを製造する部門に流れ、さらにその原材料を生産する林業部門にもお金が流れていくため、エネルギーを利用することで、エネルギー部門以外の産業の活性化にも貢献します。

ここがポイント！

先進地域の事例から、住民主体のエネルギー施設管理を学んでみましょう。長期的な収益だけではなく、地域の周辺産業にどのくらい波及効果があるのかをみる視点も、地域の合意形成を行う場面で必要となります。長期かつ包括的な視点がポイントです。

5 シェアリング経済のコネクターとしての「小さな拠点」——占有から共有への進化をつなぐ

近年、交通や住居分野を先頭に、急速にシェアリング経済が普及し始めています。「小さな拠点」には、財（お金や家、車など）や資源の共有に向けて多様な人々を柔らかくつなぐコネクター役が期待されます。

シェアリングでみんなが得をする理由

従来は、車にしても家にしても、自分が利用するに先立って購入し、自身が所有権を占有する形で利用することが主流でした。特に車の場合に顕著なのは、自分が独占的に利用したとしても、その利用時間が1日あるいは1週間のなかで、実際にはわずかな時間でしかないことです。第4章第2節でも示したように、平均すれば1台の車は1日に1時間しか使われず、あとの23時間は遊んでいます。にもかかわらず、車の所有にかかる固定費用は、購入から始まり税金や車検費用など多額に上るのです。

一方、車を占有ではなく共有に切り替え、カーシェアリングした場合はどうでしょうか。固定費用は格段に下がり、トータルなコストは大幅にカットできます。もちろん、使いたい時間が重なったり、待ち時間が発生するというデメリットはありますが、圧倒的にコスト削減が可能となるので、身近なエリアごとに共有の車両を配置し、スマートな情報共有システムや予約システムを整えれば、十分実現可能性が出てきます。

図5-9 シェアリングによるコスト削減効果——カーシェアリングの場合

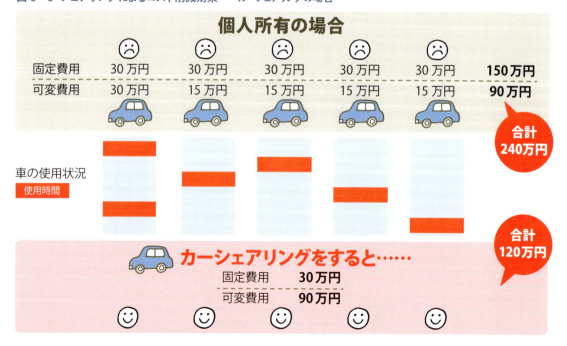

「小さな拠点」が地元の多様なシェアリングをコネクト

　実は、中山間地域において利用度があまり高くない資産は、車だけではありません。人口減少が進んだ結果、空き家も増えています。また、農地や山林も耕作や管理が放棄されているところが出てきました。そうした資産は、家主や地主により占有されているため、せっかくそうした資産を利用したい人が地域内外にいても、アクセスできないという状況が生まれています。

　これは、持ち主にとっても地域にとってもそして潜在的な利用者にとっても、もったいないことです。現在では、持ち主と潜在的借主を結びつける人材や仕組みがないことが、貸出しなどへの大きな障害と

なっています。そこで、「小さな拠点」に、貸してもよい持ち主と借りたい利用者を結びつける人材を配置しコーナーを設置すれば、現在注目されている関係人口[*3]も含め、遊休資産の活用が大きく前進することでしょう。また、「小さな拠点」自体にも、起業したい人向けのシェアオフィスがあってもよいと思います。

　このように、シェアリング経済は、必ずしも丸ごとの「1.0」の占有を必要としない「0.2」や「0.5」といった利活用を促し、これまでよりも低いコストで遊休資産を役立てていけるのです。「小さな拠点」は、このようないわゆる「コンマX」の社会技術で地域内外をつなぐ機能が期待されます。

図5-10 「小さな拠点」が産み出すシェアリング経済

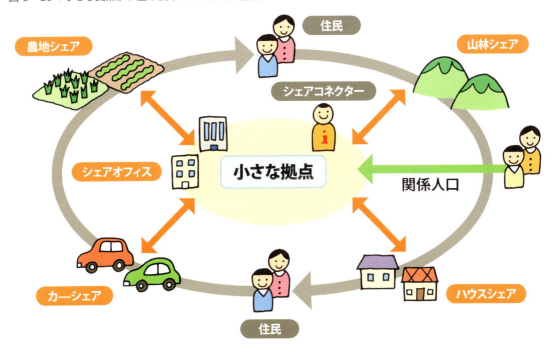

ここがポイント！

　このようなシェアリングは、共有する者同士の信頼関係を必要とします。「小さな拠点」における地域内外をつなぐ顔の見える関係づくりが重要なのです。

＊3：関係人口については126頁の用語解説を参照。

6 「合わせ技」効果と必要な「地域経営会社」
―― 分野横断の利益をマネジメントする

「小さな拠点」が求められている小規模な地域では、単独の分野や施設、事業体では、十分な雇用や施設、配送対応ができません。分野横断の「合わせ技」が不可欠です。

雇用や配送などの課題を「合わせ技」で解決

「小さな拠点」で、施設運営や配送を分野横断で展開すると、どのような経済効果が期待できるでしょうか。

たとえば、地元の利用人口が少なく、それぞれ単独の営業では、0.5人分の給与しか売上げがないカフェとガソリンスタンドがあるとします（図5-11）。このままでは、両方とも存続困難となり、住民が不便になるだけでなく、地域全体としても合わせて1人分の所得を得る機会を失います。そこで「小さな拠点」にこの二つの施設を隣接して営業すれば、普段はカフェにいて、給油のお客が来たときにはガソリンスタンドで対応するといった「合わせ技」が可能となります。

輸送についても、「合わせ技」で効率化が期待できます（図5-12）。新聞配達と野菜集荷、そして介護施設のデイサービス送迎を別々に展開すると、地域内を3回巡回することになります。これを、たとえば新聞配達の帰りやデイサービスで迎えにいったときに野菜集荷をすると、巡回の回数や距離を減らせます。

施設整備においても、それぞれ別個ではなく、トイレやエネルギー施設などをはじめとして共同化すれば、大きく整備や維持管理のコストを減らせることでしょう。

図5-11 「合わせ技」で地元の雇用とサービスを守る

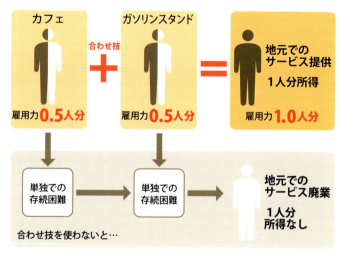

図5-12 「合わせ技」で輸送を効率化する

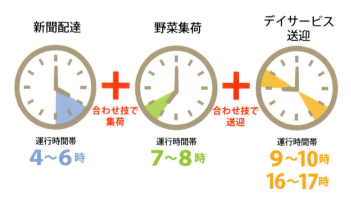

92

「小さな拠点」を表裏一体で支える「地域経営会社」が不可欠

このように分野を横断した「合わせ技」を展開すれば、「小さな拠点」を軸に、さまざまな課題解決の可能性が見えてきます。しかし、実際には、単なる施設の隣接や輸送の共同化だけでは統合の実現は難しいでしょう。たとえば、半分ずつ雇用するとすれば、社会保険はどちらの施設が負担するのでしょうか。あるいは輸送の共同化といっても、部門別に節減の度合は異なる場合が多いので、その按分も難しい問題です。また、交通部門単独では赤字だったとしても、デマンド交通によって野菜の出荷や人々の外出を支援することで、みんなが「お達者」になって介護や医療費が浮くというようなケースもあり、経営的な統合が求められます（図5−13）。[*4]

これらの障害を取り除いて、地域の全体最適を具現化しようとすると、「小さな拠点」を表裏一体で支える「地域経営会社」を分野横断型で立ち上げることが不可欠です。この「地域経営会社」は、地域ぐるみのものとして運営されなければいけませんから、幅広い住民からの出資と経営参画が求められます。そして、「エネルギー」や「交通・物流」に関する共同開発機能や「シェアリング」をはじめとした共同運営・雇用機能、そして「連結決算」「長期投資」「対外契約」といった地域全体のマネジメント機能を総合的に発揮していくことが期待されます。

第2章、第3章で紹介した全国の「小さな拠点」の先進地においても、次々と「地域経営会社」的な法人が設立されています。その営みは、かつての小さな農協──農業だけでなく、金融から購買、発電、医療までカバーしていた──を改めてこの21世紀で創り直すことにたとえることができるかもしれません。

図5-13 「連結決算」を実現する事業組織が必要

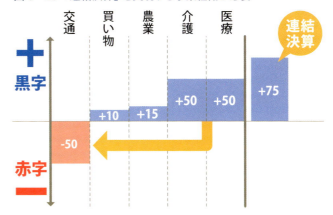

図5-14 「地域経営会社」で地域の全体最適実現

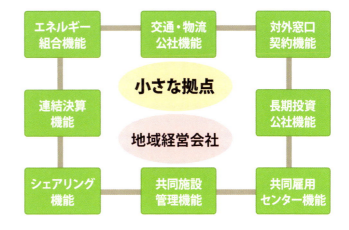

ここがポイント！

実際には、分野横断の柔らかな発想の「合わせ技」を邪魔する規制や資格制度がまだ残っています。「小さな拠点」向けの規制緩和をもう一段求めたいと思います。

*4：本シリーズ『「循環型経済」をつくる』第6章第4節で関連事例と必要な条件整備を解説。

7 「小さな拠点」を取り巻く地元の「連結決算シート」──1,000人の地域でお金の流れを「棚卸し」してみる

「小さな拠点」が形成される1,000人規模の地域で、お金の流れを「棚卸し」してみました。このお金の流れを、長い目でみて地域住民を幸せしていくような循環にしてく経済戦略が必要です。

1,000人の地域でお金はどう回っているか!?

「小さな拠点」の形成が想定される1,000人・400世帯規模の地域で、住民の暮らしを支えるお金はどのように回っているのでしょうか。図5-15は、各分野のデータから、マネーフローを推計したものです。

1人当たり200万円強の平均所得をもとにすると、全体で20億円以上の住民所得となります。そのなかの支出で大きいものは、いまや医療と介護費用で、合わせて約6億円にも上ります。日々の生活を支えるうえで重要な食費・交通費・エネルギー代にもそれぞれ2億円以上が使われ、合計で約8億円と所得額の3分の1以上を占めます。問題は、本シリーズの『「循環型経済」をつくる』で明らかにしたように、これらの出費の大部分が域外へ流出していることです。

「小さな拠点」は、域内の資源をもとにした循環を組み直し、住民所得を高めるとともに、域内でのシェアリングと共同化を進め、交通や介護、医療などの費用を低減していく結節機能を果たすことが期待されます。

図5-15 1,000人規模の地域におけるお金のフロー

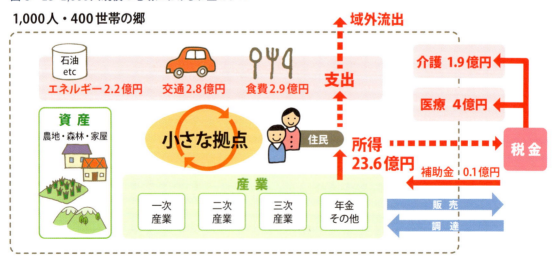

※計算の根拠（以下のデータより推計。1,000万円単位とし、それ以下は四捨五入）
①所得：島根県民平均所得：236万円（2012年、「県民経済計算」島根県）　②補助金：島根県A市における20地区への支払い額から　③食費：2016年島根県邑南町瑞穂地区データより　④交通費：島根県中山間地域世帯（年収400〜500万円）平均値57,529円より　⑤エネルギー支払い額：邑南町計算データより　⑥医療費：2017年度国民健康保険データより　⑦介護費：2018年度邑南町データより　＊③〜⑤のデータについて詳しくは『「循環型経済」をつくる』第2章参照。

少なくとも30年先まで考え、本当に地域全体が得をする道を選ぶ

　域内経済循環を高め、長期的に暮らしの費用を低減する取り組みは、短期間でできるものではありません。たとえば、本章の第2、3、4節のエネルギー関係で示したように、地元の資源量を把握し、適切なプラント選択を行い、20年・30年単位での長期的な投資が必要なのです。その額は、熱供給を行う配管工事などを含めると、年間の住民所得を超え、数十億円となる場合もあるかもしれません。しかし、果敢に先行投資を行い循環型経済に体質改善をしない限り、いつまでたっても毎年巨額の域外流出が続くことになるのです（図5-16）。

　「小さな拠点」の経済学に最も求められることは、将来におけるエネルギー、食料、交通の域内循環の核となるための研究です。現状のマネーフローの把握、地域内に賦存するエネルギーや食料などの潜在的供給力の分析[*5]、そして長期的な投資シミュレーションを、各地域でぜひ進めたいものです。そして、行政だけでなく、地方銀行や農協といった金融機関もともに手を携え、地域の本当の底力を活かし育てる経済の仕組みに移行しましょう。

図5-16　30年スパンで地域全体としての収支計算をしてみる——1,000人規模の地域を想定

ここがポイント！

個々の地域の投資にともなうリスクや多額の初期費用を緩和する二次的・三次的な金融のネットワークが、より広域で求められます。

---

*5：持続可能な地域社会総合研究所では、2017年度から、各地域の持続可能な食料やエネルギー供給能力の調査を「21世紀の石高調査」と称して、スタートさせています。

column

ドイツのエネルギー革命は本物

　2019年9月、ドイツそしてオーストリアを訪問し、主として農山村地帯のエネルギー自給の様子を視察してきた。ドイツの再生可能エネルギーへの転換革命は本物である。

　2014年以降、ドイツでは、再生可能エネルギーは、電力供給の3分の1を担い、主力電源に躍り出ている。2015年時点で、再生可能エネルギーは全電力供給の31.6％を占め、その内訳は、多い順に風力・バイオマス・太陽光・水力となっている。

　福島第一原子力発電所の重大事故を受けて、原発の全廃をいち早く決断したのは、当の日本ではなく、ドイツだった。ドイツの再生可能エネルギー転換について、日本でも一部批判をする人や団体がいる。だが、実際に現場を歩いてみると、再生可能エネルギー革命は、市民レベルでしっかりと根づき、年々揺るぎないものとなっている。むしろ、世界的な潮流であるこの革命において、「周回遅れ」となっているのは、既得権益を引きずっている日本のほうなのだ。

　例えば、ドイツでは、再生可能エネルギーは最優先で電力系統に接続することが法律で決まっており、日本のように電力会社が接続拒否をすることはない。また、配電網全体の約半分を「シュタットベルケ」と呼ばれる自治体の公社が担っている。地域主体で、エネルギー自給に向けて長期投資を行い、域内循環させる基礎条件が整っている。

　例えば、ドイツ中西部のシュノアバッハ村（人口250人）では、風力発電の借地料を再投資し、太陽光発電や家庭も含む電灯のLED化を実現し、長い目で見て村民の所得を実質的に向上させている。

　同村を含むラインフンスリュック郡（人口10万人）では、小さな村が137ほど連携して、共同で林地残材やゴミ、太陽光によるエネルギーセンターをつくり、学校等に熱供給も始めている。個人経営の牧場でもメタンガス発酵で発電や熱供給がスタートしている。住民は、州政府の負担で専門家によるエネルギー相談を無料で受けることができる。

　つまり、長い目で得をする制度が明確に設計されており、住民と自治体が主役となり長期投資を次々と始め、その果実を手にしているのだ。

『全国農業新聞』2019年10月4日
コラム「農と村のルネサンス」より
（筆者＝藤山執筆）

シュノアバッハ村公民館。
地下には蓄電池、写真の人物はクンツ村長

第**6**章

「小さな拠点」の
形成学
住民を主人公としたステップと手法

「小さな拠点」は、地元のあらゆるつながりの核となるべき
存在です。地域づくりと一体化し、住民を主人公として進め
なければいけません。

本章では、形成や運営に向けたステップのあり方を示すと
ともに、住民自らが「小さな拠点」の未来像をデザインして
いく手法を提案します。そして、後半は、実際に10年近くか
けて「小さな拠点」オープンにこぎつけた広島県三次市川
西地区の取り組みを紹介します。

1 「小さな拠点」づくり10のステップ
―― 「やる気づくり」「仕組みづくり」「人材づくり」

「小さな拠点」は、そこの地域づくりの土壌に花開くものです。意識醸成や組織立ち上げに向けて、しっかりとした土台づくりに手間暇をかけることが大切です。

現在の立ち位置＝到達点を確認し、登り始める

「小さな拠点」づくりは、山登りと同じです。いきなり「頂上」に立つことはできません。一合目ごとに進行度をチェックして、歩みを進めていきましょう（図6-1）。

初期で重要なことは、主人公である地域住民のやる気と合意形成です。

「一合目」は、住民の間にやる気・危機感が醸成できていることです。「このままではいけない、何とかしなければ」という気持ちがなければ、歩み出すことはできません。本当にいまのままでいいのか、きちんと話し合っていきましょう。実際には、将来の人口予測など具体的な未来像を数字などから住民みんなが実感することが大事です。

「二合目」は、具体的な目標設定です。人口予測で定住目標などを共有することが大切です。このままだとどうなるのか、どれだけがんばればいいのかなどが具体的にわからないうちは、行動を起こすための「ギア」は入りません。

「三合目」は、地域の魅力や底力を共有することです。このままではダメだという危機感だけでは、力はこもりません。地元の魅力や底力を日々の暮らしのあり方から掘り起こす地元学などの実践を行い、地域資源の価値や自分たちの知恵・技を共有することが原動力となります。中盤で重要なことは、話し合いや合意形成の仕組みや機会づくりです。

「四合目」は、話し合いや検討を進める組織と土台をつくることです。一部だけで突っ走ると、初めのうちはスピード感があっても、地域全体の力をつなげていく拠点になりません。幅広い意見を取り込む場と分野・世代別に具体論を深める場をバランスよく並行させましょう。

「五合目」は、他地区の先進事例などの視察です。みんなのイメージが重ならないうちは、議論がまとまりにくいものです。「あのまちで見たあのやり方だよね」という具体的なイメージの共有を図りましょう。実際には、もっと早めに視察を行い、取り組み始動へのはずみをつけるというやり方もあります。

図6-1 「小さな拠点」進行度チェック例

「小さな拠点」づくりの階段

- □ **十合目**：運営の中心となる人材が確保ずみ
- □ **九合目**：運営主体となる地域事業組織あり
- □ **八合目**：場所などを含めた具体的な構想づくり
- □ **七合目**：「小さな拠点」の具体的検討組織あり
- □ **六合目**：地域ぐるみ自治組織が設立されている
- □ **五合目**：他地区の先進事例などの視察をしている
- □ **四合目**：話し合いや検討を進める組織・土台あり
- □ **三合目**：地元学などで地元の魅力・底力を共有
- □ **二合目**：人口予測で定住目標などを住民で共有
- □ **一合目**：やる気・危機感が醸成できている

「六合目」は、地域ぐるみの自治組織の設立です。集落や分野を横断して地域全体の意見を調整し、合意形成していく仕組みがあることは、極めて重要です。

終盤で重要なことは、具体的な運営組織の立ち上げや人材の確保です。

「七合目」は、「小さな拠点」に向けての具体的なプランづくりを進める検討組織の始動です。アンケートやワークショップで具体的な機能や運営方式を絞り込んでいきましょう。

「八合目」は、場所などを含めた具体的な構想づくりです。みんなが望む機能や運営を実現できる計画に仕上げていきます。

「九合目」は、「小さな拠点」の運営主体となる事業組織の設立です。地域内外とのつなぎ役として責任をもった体制とするため、できるだけ法人化することが求められます。

「十合目」は、運営の中心となるマネージャー的人材の確保です。みんなをつなぎ、まとめる機能を果たすことができる人材を事業組織の要所に位置づけていきます。

「小さな拠点」検討のステップサイクル

実際の検討ステップは、「❶現状チェック」→「❷現在の到達点確認」→「❸近年の取り組み整理」→「❹今年度・来年度・中長期の取り組み目標」→「❺ステップアップ上の課題整理」といった形で検討サイクルを回していきます。

図6-2 「小さな拠点」づくりの検討ステップ

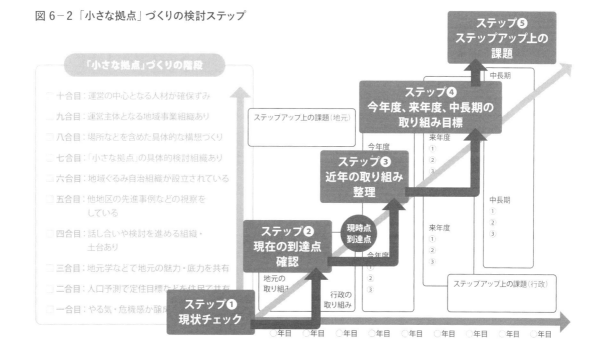

ここがポイント!

地域の自治組織や事業組織ができていない地域では、しっかり時間をかけてまず土台づくりから取り組む必要があります。

2 「地元関係図」で地域全体を見渡し、つなぐ
——組織・人材・資源・お金の流れを棚卸し

「小さな拠点」は、地域内の集落や分野を横断したつながりを伸ばし、再生していくものです。まず、自分たちの組織・人材・資源・お金の流れを整理してみましょう。

地域内の組織・人材・資源・お金の流れを「棚卸し」

「小さな拠点」は、地域に根ざしたものにならないといけません。そのためには、みんなでまず一度地域全体を見渡し、現在の施設や組織を並べてみて、関係する人材配置やお金の流れを把握してみることが大切です。

手法としては、本シリーズ『「地域人口ビジョン」をつくる』（第6章）で紹介した「地元天気図」のように、互いのつながりがわかるような「地元関係図」をまとめてみることが、わかりやすくおすすめです。そのうえで、存続が危ぶまれているが地域の将来に必要なものや、もっと集落・分野を超えて連携すべきものを検討していくのです。

また、「小さな拠点」は、地域全体の課題解決と連動していくことが求められます。したがって、次世代の定住増加といったより具体的な目標を想定しないと、何のための拠点かという焦点がぼけてしまいます。「地元天気図」の場合と同じく、既存の施設や組織などをあらかじめヒアリングし、カードなどに印刷しておくと、次の構想編での並べ替えも含め、効率的なワークショップでの話し合いが可能になります。

図6-3 「地元関係図」現状編を描いてみる

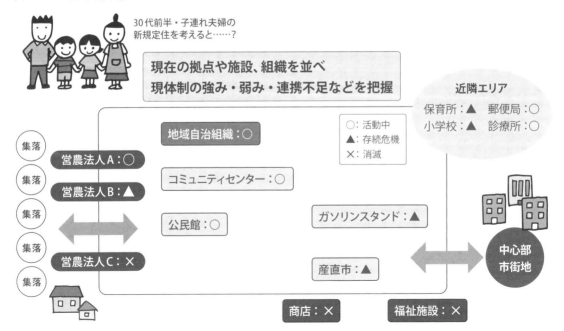

「小さな拠点」を核としたつなぎ直し構想図へ

「地元関係図」の現状編を作成し、地域全体としての課題・可能性・連携不足・潜在的資源などが明らかになると、次は「小さな拠点」を核としたつなぎ直し構想に進みます。

存続が危ぶまれているけれどもどうしても守りたい施設は、「小さな拠点」内の合わせ技で存続を図ります。分野を横断した事業展開のために、新たに法人格を有する地域事業組織を立ち上げます。地域全体として次世代定住を獲得しようとするのであれば、夫婦それぞれの働き場所や子どもの居場所づくりにアクセントを置いた構想にします。

また、必要とされる機能水準や業務量の想定と連動して、全体のつなぎ役となるマネージャーや各部門の担当者といった人材配置も考えていきます。そして、それぞれの集落や域外とのアクセスを便利にしていく交通の仕組みも、第4章で紹介したような発想や手法により、検討を進めるのです。

図6-4 「地元関係図」構想編を描いてみる

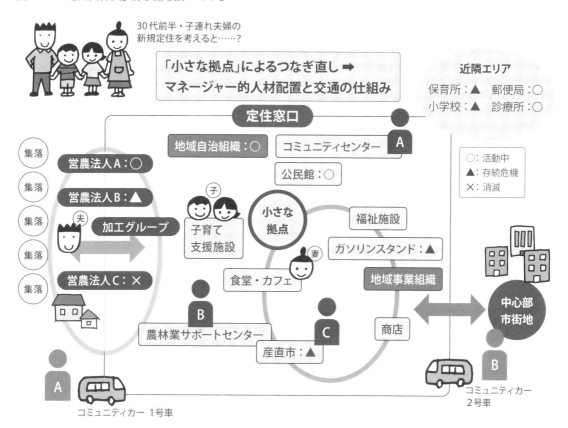

ここがポイント！

何度も繰り返し検討できるように、気軽に並べ替えのできるカード方式のワークショップが効果的です。

3 まさに手づくり！「レゴ・ワークショップ」
―― コンサルタントに頼らないプランづくりのすすめ

「小さな拠点」は、地域の課題と可能性を住民の想いで束ね、地域独自のオーダーメイドで進めるものです。文字どおり「手づくり」のレゴブロックを活用した手法を紹介します。

まずは、しっかり現状の「見取り図」を描く

「小さな拠点」は、地域での日々の暮らしのなかで息づくものにならないといけません。紙の上での抽象的な議論だけでは、住民一人ひとりの理解も進まず、地域生活に根ざした拠点とはならないのです。そこで、子どものおもちゃとして人気のレゴブロックを活用したワークショップ形式のプランニング手法を、大学院の現場研修として実験的に試行してみました。[*2]

留学生を中心とした大学院生22名は、対象地域である島根県益田市二条地区（人口560人、高齢化率48.8％、5自治会で構成。以上2016年）の概要などを事前にレクチャーされたうえで、5泊6日の合宿研修を二条地区の全面的な協力を受けて行いました。ドローンを活用した小さな拠点の候補地や各集落の空中からの撮影も事前に行ったうえで、前半の2日間は、住民へのヒアリングや地域全体と各集落の現地調査などを展開しました。

表6-1 レゴ・ワークショップの概要

事前準備	対象地域の基本データ集約、ドローンからの空撮、オリエンテーション
1日目	午前：移動 午後：対象地域全体の視察
2日目	集落ごとの視察、住民へのヒアリング
3日目	集落調査の成果共有、「小さな拠点」形成素案の発表、住民との交流会
4日目	レゴ模型制作、発表プレゼン作成
5日目	レゴ模型とプレゼン資料仕上げ、住民との合同発表会、懇親会
6日目 事後	帰路、各自まとめレポート作成

ドローンを活用して空中撮影

「小さな拠点」候補エリアを上空から撮影。
益田市二条地区で

対応すべき設計・運営の要件を整理する

前節で説明した「地元関係図」の要領で、今回検討すべき「小さな拠点」の特徴やターゲットとなる世代、そして手法として重要な複合化といった要件を共有していきます。また、雇用できるスタッフ数や使用できる車両数についても上限を設定します。そして、1日の時系列のなかで、想定される関連施設や交通との接続・連携についても整理します。

図6-5 「小さな拠点」の設計・運営要件を整理

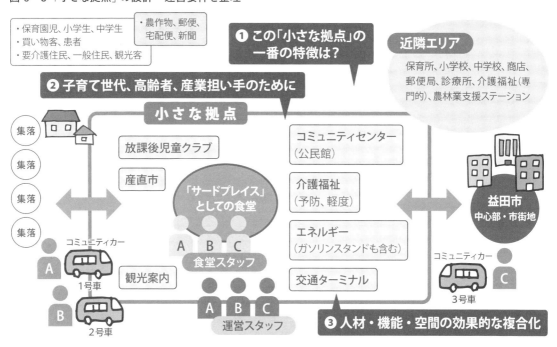

図6-6 「小さな拠点」を取り巻く施設や交通を時系列で整理する（午前編）

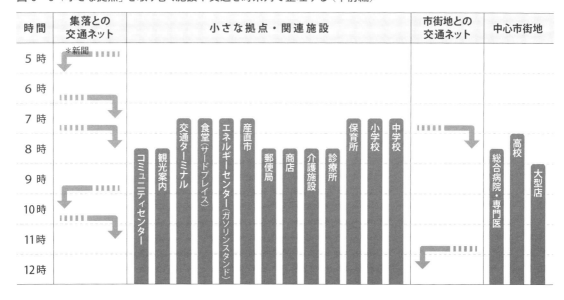

自治会ごとの調査結果を集約・共有し、レゴ制作＆プレゼン

益田市二条地区は、五つの自治会から構成されています。そこで大学院生を五つのグループに分けて、1自治会ずつ現地調査し、その結果を全員で共有していきました。そうして把握した二条地区の課題と可能性をもとに、グループごとに「小さな拠点」形成の中間素案をつくり、これも相互に発表し、共有していきます。複数チームで取り組むことで視点が多彩となりますが、要所要所での成果共有を心がけ、多様性と統一性のバランスに注意する必要があります。

大学院生のグループは現地調査結果を共有し［上］、レゴによる模型の制作にとりかかる［左］

3日目までのところで、現状の課題・可能性、そして対応策についてお互いのグループの成果をつないで相互進化を図ったうえで、4日目からいよいよレゴ制作に入ります。実際の100分の1スケールで印刷したドローン撮影の航空写真を基盤として、その上に、必要とされる機能を担う「小さな拠点」空間を立体的に表現していきます。レゴブロックには、建物系の部品だけでなく、公園や交通車両の部品も豊富に備わっているので、かなりリアルに目指している「小さな拠点」の姿を表現できます。

実際やってみてわかったのですが、このレゴ・ワークショップは、4～5人規模のグループワークが適しています。あまり少ないと時間がかかりすぎ、多すぎると調査やプラン段階も含めイメージの統一が難しくなります。今回は、レゴ模型制作には4日目から取りかかり、1日から1日半かけました。そして、未来の「小さな拠点」のある1日のオペレーションを物語風にプレゼンして、具体的にどんな暮らしへの貢献があり得るかを住民に説明していきます。続いて、各グループで模型を使いながら、特に工夫したところをアピールします。

今回は、「小さな拠点」形成に向けたわが国初めてのレゴ・ワークショップの試行実験でしたので、大学院生を中心にチャレンジしてもらい、その実施可能性を示すことができました。今後は、外部人材も活用しながら、地域住民による時間をかけた実践的な取り組みを各地で展開したいと考えています。

グループごとにレゴ模型を展示発表［上］、その発表に聴き入る住民たち［右］

*1：デンマークのレゴ社が開発・製作。今回のワークショップでは5グループで合計50万円分のレゴブロックを購入し、使用した。
*2：広島大学大学院国際協力研究科「たおやかプログラム オンサイト研修」として、筆者（＝藤山。当時、広島大学客員教授を兼任）がプロデュースし、「一般社団法人小さな拠点ネットワーク研究所」の協力を得て、2016年に実施した。

4 「小さな拠点」ができるまで①
「川西郷の駅いつわの里」の計画づくり

過疎高齢少子化の進む典型的な中山間地域である広島県三次市川西地区。この地区では住民の主体的な地域づくり活動が10年以上継続的に行われ、「川西郷の駅」づくりにつながっていきました。小さな拠点のモデルとなる活動を地域住民の立場からレポートします。

（第4～6節執筆：浦田愛）

三次市川西地区の概要

　川西地区は、三次市中心部から南へ約14kmに位置し、五つの集落からなります（川西小学校区域と範囲は同一）。人口は2018年12月1日現在1,049人で、ピーク時の3,500人（1955年）の3分の1に激減しました。高齢化率49.4％、小学生33名と過疎高齢少子化が深刻な状況にあります。地区面積は42.5km²、耕地面積は田209ha、畑27ha、山林面積2,255ha（2010年、農林業センサスなど）、三次盆地の美波羅川沿いに広がる田園や谷川筋の耕地での農家数は245ですが、大半が通勤兼業農家です。観光農園や集落型の農事組合法人など近年の農業経営形態も展開されています。

　この地区では、住民自治組織「川西自治連合会」を中心とした地域づくり活動が継続的に行われています。川西自治連合会は、集落自治組織の5町内会、社会福祉協議や文化団体、女性団体や老人クラブなどによって構成されています。

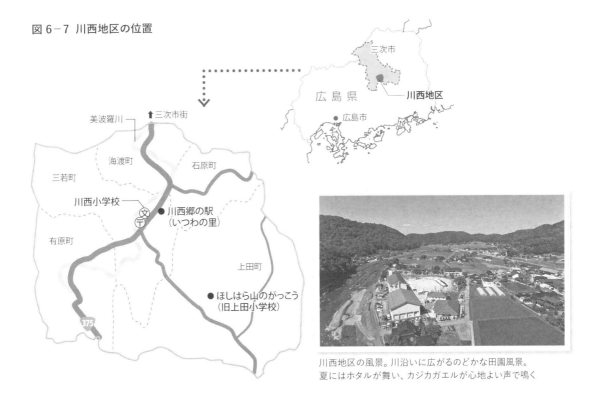

図6-7　川西地区の位置

川西地区の風景。川沿いに広がるのどかな田園風景。夏にはホタルが舞い、カジカガエルが心地よい声で鳴く

住民が手づくり、地域の生活拠点「川西郷の駅」構想

2003年、地区内の小学校2校のうち1校が廃校となり、続いて2005年には市役所出張所が撤退しました。かつては二十数軒あった個人商店も次々に閉じ、残り少ない商店が地域の生活を支えていました。公共交通は通学主体のバスが国道を中心に市中心部まで1日4往復するのみで、高齢者の買い物や通院などの移動手段を求める声があがっていました。

そんななか、川西自治連合会では2005年度に地域ビジョン策定委員会（筆者［浦田］は最年少の委員として参加しました）を設置し、30代から70代の男女半数ずつの委員が住民個人を対象としたアンケート調査などを実施し、「まめな川西いつわの里づくりビジョン」を策定しました。

試行錯誤を経て国道沿いの地区中心部に、地域資源の魅力を発信しながら買い物など生活拠点としての機能を発揮するにぎわいの場「農村まるごとミュージアム」を設置すると同時に、当時廃校活用でスタートした「ほしはら山のがっこう」を拠点として都市農村交流事業を推進していく構想が生まれました。このビジョンを委員たちが手づくりでイラスト化し、地区全体で共有しました（図6-8）。

図6-8 川西地区全体の構想

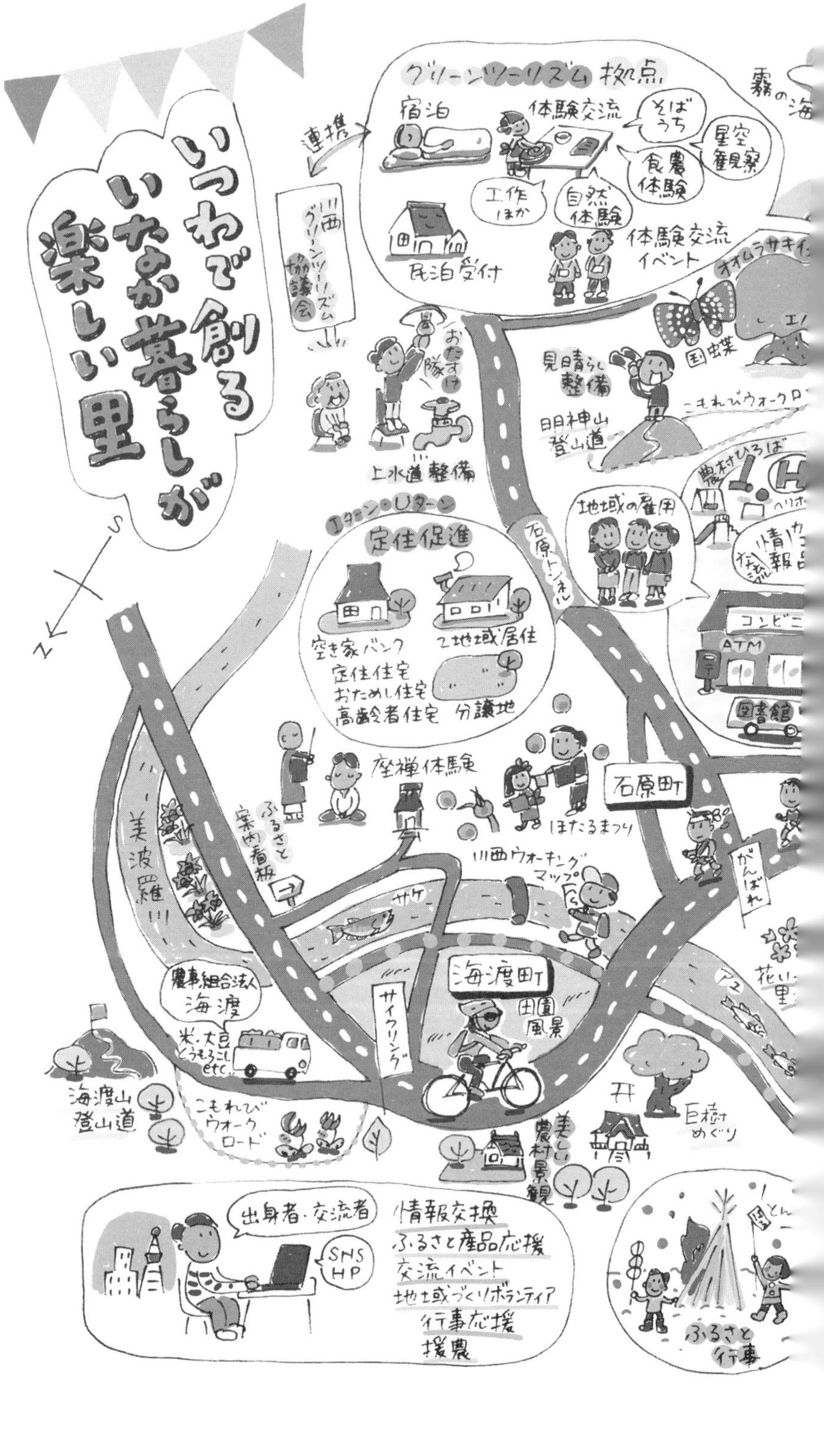

＊キャッチコピーの「いつわ」とは、五つの町の輪（和）、またエピソード・物語（逸話）を指す。
出典：まめな川西いつわの里づくり委員会編『第2次「まめな川西いつわの里」づくりビジョン（ダイジェスト版）』川西自治連合会、2016年、5頁
イラスト：浦田愛

| 第6章　「小さな拠点」の形成学——住民を主人公としたステップと手法 | 107 |

2006年には、ビジョンの実現を目指す専任機関「まめな川西いつわの里づくり委員会」（男女半々、多年齢層参加）が設置され、住民自らが地域づくりを行う体制のなか、月1回ペースでの委員活動が展開されました。

　しかし、このビジョン策定から数年間に、地区内の農協支所、Ａコープ、ガソリンスタンドなどが次々に撤退し、必然的に住民の行動もさらに地区外へ流れていきました。

　そこで始まったのが「軽トラ朝市」です。委員会有志が中心となり実行委員会形式で、軽トラック約10台の荷台に農産物や手づくり品などを乗せて販売する、買い物と交流の小さな場づくりを月1回、6年間実施しました。農村まるごとミュージアムの構想地が開催場所となりました。小さなテーブルと椅子を設置し、パンとコーヒーの「青空カフェ」を設けたことで、朝食とおしゃべりの場ができ、地域内外の人々の出会いと交流を生みました。

　続いて川西郷の駅づくり推進委員会が立ち上がり、地区ならではの新たな拠点づくりを模索するアンケート調査が住民個人対象に行われました。そこで一番必要とされたのはＡＴＭ機能をもった「コンビニ」であり、つづいて「産直市」「燃料販売」「寄り合いの場」、そして「雇用の場」でした。これらの声をもとに、郷の駅のイメージは、コンビニと産直市場、交流が生まれる場をそなえ、小さな活動や小さな仕事を組み合わせる「合わせ技」で地域内の困りごとを解決し、さらに地域内雇用や農産物出荷などによって地域の経済循環を高める仕組みをそなえていく方向性に固まっていきました。

図6-9　合わせ技でできる郷の駅イメージ図

出典：まめな川西いつわの里づくり委員会編『第2次「まめな川西いつわの里」づくりビジョン（ダイジェスト版）』川西自治連合会、2016年、8頁
イラスト：金末忠則

ここがポイント！

地域ビジョンや郷の駅をイラストで表現することで、地区全体でイメージを共有することができました。

5 「小さな拠点」ができるまで②
「川西郷の駅いつわの里」の仕組みづくり

住民出資による「株式会社川西郷の駅」が立ち上がり、その2年後のオープンまでの期間、地域住民と郷の駅との連携による地域づくりの体制や地域発信コンテンツをつくる取り組みが行われました。

地域生活拠点「川西郷の駅」オープンに向けた体制づくり

川西地区世帯数の約8割326人の住民による出資により、ついに2014年11月「株式会社川西郷の駅」（以下、郷の駅）が設立され、郷の駅を中心とした地域づくりビジョンがさらに具体的に実現可能になりました。住民自治組織「川西自治連合会」（以下、自治連合会）は郷の駅との連携協力体制によって、買い物や交通などの地域課題解決に向けた活動に取り組めるようになりました。またコンビニエンスストア「ファミリーマート」と地域活性化包括連携協定を締結しました。

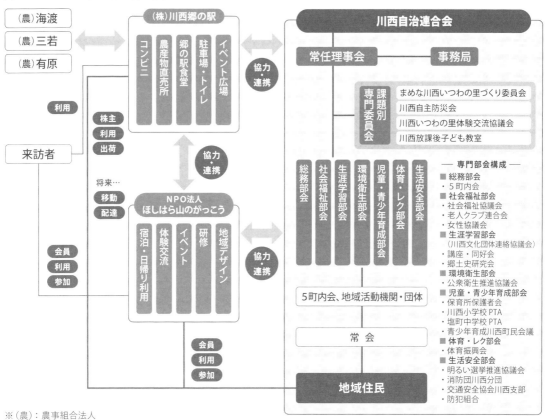

図6-10 川西地区全体の体制図

※（農）：農事組合法人
原図：浦田愛

都市農村交流による地域づくりの取り組みでは、自治連合会内の専任組織として、交流宿泊施設「ほしはら山のがっこう」・農家民宿4軒・観光農園・ふるさと案内人、そして郷の駅を構成員とした「川西いつわの里体験交流協議会」が立ち上がりました。郷の駅で交流者にお土産や食事、日用品などを提供できるようになり、また交流イベントの拠点会場としての機能も果たすようになりました。

その他、三次市・郷の駅・自治連合会による川西郷づくり協議会が設けられ、川西郷の駅構想実現に向け、市や国の補助事業などを含めたさまざまな連携調整が図られました。

住民手づくりの、川西郷の駅を拠点とした地域発信コンテンツづくり

地域発信コンテンツの充実を図る取り組みでは、2016年郷の駅の愛称を公募し、「いつわの里」と決定しました。またロゴマークづくりワークショップを行い、手づくりのロゴも完成しました。

地元小学校の児童も「できることをしたい」と郷の駅オープンに向けて歌づくりをしました。この歌をCDにしようと「川西の歌合唱隊」が結成され、また若者有志グループ「川西を盛り上げる会」がダンスをつけ、さらに地域の魅力と住民のたくさんの笑顔が登場する地域発信動画が撮影されました。

こうして2017年7月21日、住民一人ひとりが待ちに待った「川西郷の駅いつわの里」がついにオープンしました。また同日YouTubeでこの動画公開もスタートしました。

住民手づくりの川西郷の駅ロゴマーク[左]とマスコットキャラクターの「いつわ」くん[上]

ここがポイント！

住民自治組織（自治連合会）と株式会社、NPOが事業をすみ分けつつ、協力・連携することで郷の駅を拠点とした地域づくりが軌道に乗りました。

図 6 − 11 川西地区の歩み

年	2003	2004	2005	2006	2007	2008	2009	2010	2011	2012	2013	2014	2015	2016	2017	2018	2019〜
川西地区の主な出来事	上田小閉校	都市農村交流施設ほしはら山のがっこう開設（旧上田小） 農事組合法人海渡設立	農事組合法人三若設立		川西自治連合会設立 市役所出張所撤退	川西里づくりビジョン策定委員会設置	★まめな川西いつわの里づくりビジョン策定 川西児童クラブ設置 Aコープ撤退	まめな川西いつわの里づくり委員会設置（〜現在） 地域おこし協力隊（13年間） 農協撤退			自主防災設置 NPO法人ほしはら山のがっこう開設 ガソリンスタンド閉店			★第二次ビジョン策定 農事組合法人ほしはら山のがっこう設立 JA移動金融運行廃止	集落支援員		
小さな拠点 郷の駅構想				★農村まるごとミュージアム構想（川西いつわの里づくりビジョン） 「複合施設」構想					★軽トラ朝市スタート 月1回（〜2015）	川西地区拠点（郷の駅）整備検討資料作成		株式会社川西郷の駅設立 「合わせ技」構想イラスト化 国交省「小さな拠点づくり」調査地域	川西郷の駅設立 川西郷の駅づくり協議会設立（市・郷の駅・自治連合会） 郷の駅づくりアンケート調査	建設工事 川西郷の駅づくり推進委員会 組織運営・サービス・物販3部	地域内交通実験スタート モーニング（交流の場）スタート	川西郷の駅オープン	
都市農村交流地域整備		ふるさと自然体験塾（〜現在） 夏休み七泊八日キャンプ（〜現在）	こども農山村民泊体験				★川西グリーンツーリズム夢マップ（川西いつわの里づくりビジョン）	リバーサイドウォークロード整備 民泊モデル事業	川西いつわ絵本完成	川西へぇ〜BOOK完成 みよし田舎ツーリズム協議会会員 広島県山海島体験活動受入開始	農家民宿モニターツアー 川西に農家民宿開業スタート	ほしはら山のがっこう旅館営業許可取得		川西の歌づくり 川西いつわの里動画撮影	ご当地動画YouTube公開	ライド&ウォークイベント 川西いつわの里体験交流協議会設立	

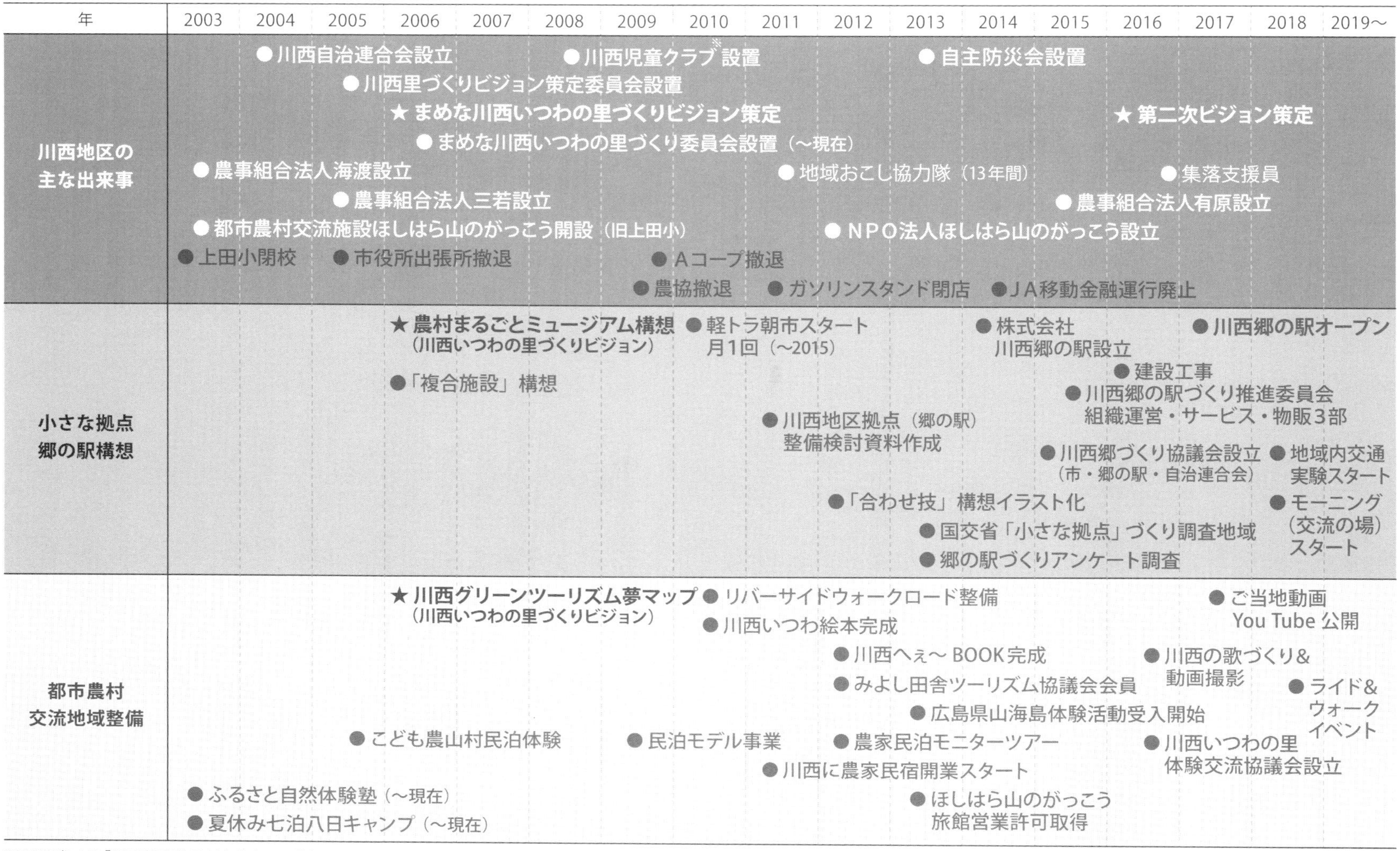

※ 2017年より「川西放課後子ども教室」に移行した。

原図：浦田愛

6 「小さな拠点」ができるまで③
「川西郷の駅いつわの里」完成と今後の展望

「川西郷の駅」ができたことにより、地区内で買い物ができるようになり、ATMが使えるようになりました。それ以上に、つながりの場が生み出されたことで人と人の関わりによる化学反応が次々に生まれ、小さな経済循環を生み出しただけでなく、雇用の場としても郷の駅は地域になくてはならない場所となっています。

「川西郷の駅」は、地域の新たな「つながりの場」

「川西郷の駅」には、コンビニ（買い物拠点、ATM）、産直市場、出荷場、郷の駅食堂、イベント広場、駐車場、グランドゴルフ場、トイレ、バス停留所といったさまざまな機能が集まっています。この「拠点」に地域内外の人々が集まってくることで、つながりの場が自然に生み出されています。

「朝、グランドゴルフをした後に、郷の駅でモーニング（朝食セット）食べて友だちとおしゃべりするんが楽しみなんよ」と80代の女性。1周年を迎えた夏から始まった月2回のモーニングには地域の方々の笑顔が集まります。出荷に来た住民同士が「今日は何を出しよるん？」とおしゃべりがはずんでいる姿も見られます。「友人が来たときにちょっと食べにいくところがまた川西にできたのがよかった」と、郷の駅食堂にうどんを食べにきた70代男性。「地域に交流の場が欲しかった」という住民意見に応えています。

「保育所の帰りに郷の駅に寄りたいって多くの子どもたちが親におねだりするんですよ」と保育士。子どもはおやつやアイスが目当て。ある日は、地域の高齢者福祉施設の利用者が郷の駅へレクリエーションで買い物に。自分で選んで買う楽しさがそこにあります。

出荷者やうどんを食べにきた住民が、産直市場や交流スペースで特産品や地域資源を紹介している場面を見ることもあります。

これまでただ国道を通り抜けていただけの地区に、いつでも開かれた玄関ができ、地域とつながる入り口を得たことで、地域内外の交流が促進され、活気を生み始めています。

つながりが生まれる場と、小さな経済の循環

郷の駅ができたことをきっかけとして、これまで出荷経験のなかった人を含め、小さな出荷に関わる人口が増え、また自宅で漬物などの加工許可を取って出荷する人も出て、地域内で小さな収入が得られるようになりました。新たに畑をつくり始めた人や隣の畑を購入した人などの声も聞きます。こういった人々の動きが、里山管理による森林機能の向上や集落の景観維持などにも貢献しはじめていると考えられます。

郷の駅食堂のスタッフは、雇用の場を得たのと同時に、季節の食材を使った料理経験を生かしたメニューの提供によって、農村地域ならではの豊かな食の魅力や川西の味を発信しています。

子ども農山村民泊体験事業のなかで、産直市への出荷作業体験を提供できるようになったという農家民宿があります。食とつながる体験教育の場づくり

図 6－12
「川西郷の駅」の平面図と将来構想

住民一人ひとりが自分事として郷の駅づくりをとらえ、双方向に情報交換をすすめるために、たびたび住民説明会が実施された。この配布資料の白抜き文字は住民から出された意見を取り入れたものである。住民の意見を取り入れた郷の駅の整備案の説明会には、多くの住民が集まり、期待が高まっていった

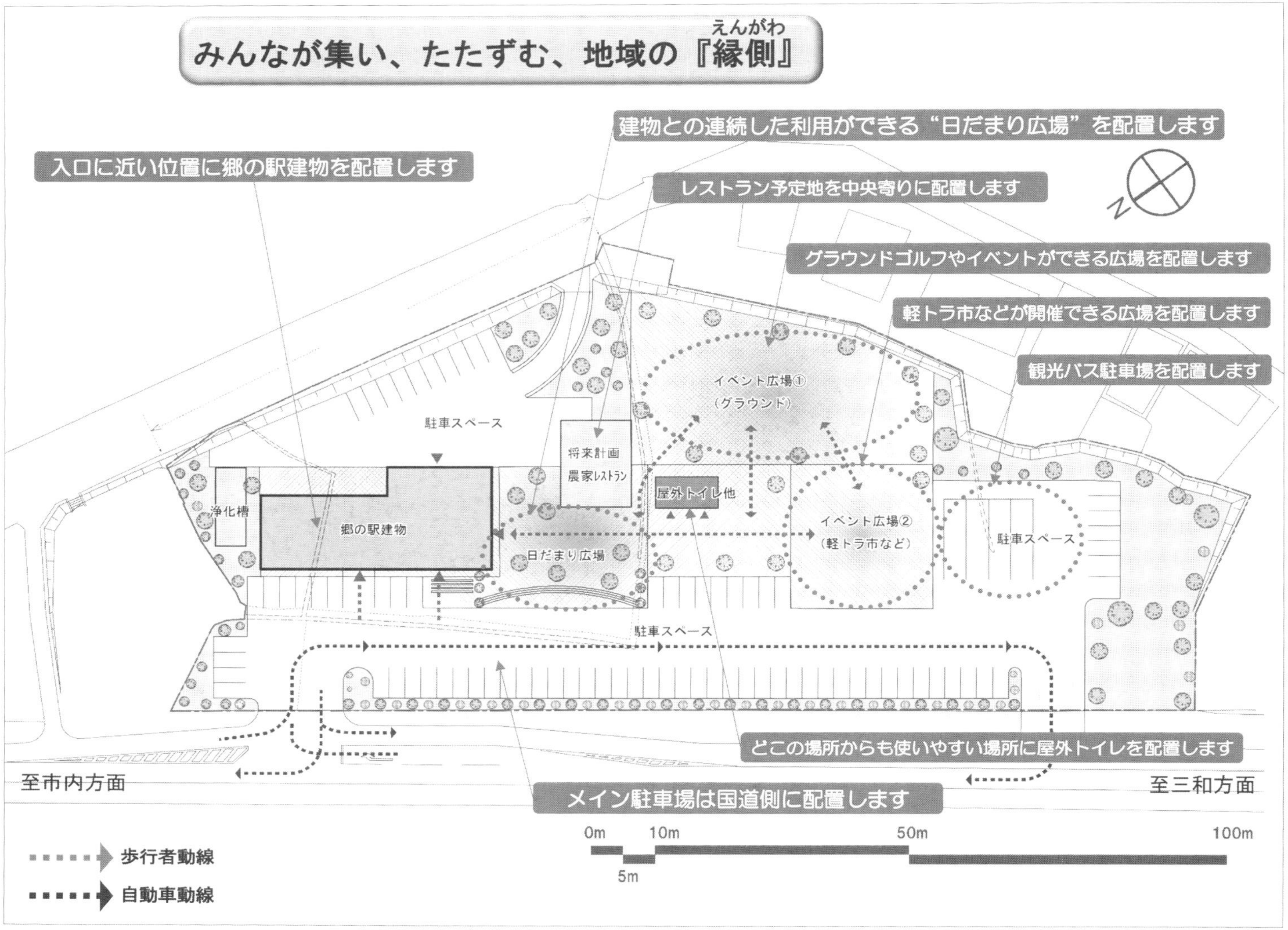

みんなが集い、たたずむ、地域の『縁側(えんがわ)』
建物との連続した利用ができる“日だまり広場”を配置します
入口に近い位置に郷の駅建物を配置します
レストラン予定地を中央寄りに配置します
グラウンドゴルフやイベントができる広場を配置します
軽トラ市などが開催できる広場を配置します
観光バス駐車場を配置します
駐車スペース
将来計画
農家レストラン
屋外トイレ他
イベント広場①
(グラウンド)
イベント広場②
(軽トラ市など)
浄化槽
郷の駅建物
日だまり広場
どこの場所からも使いやすい場所に屋外トイレを配置します
至市内方面
至三和方面
メイン駐車場は国道側に配置します
0m
10m
50m
100m
5m
歩行者動線
自動車動線

出典：住民説明会配布資料「郷の駅のコンセプト（案）」2015年12月

や地域のファンづくりにつながると同時に体験宿泊料を得ています。

このように、拠点ができたことによって人々の交流が促進され、そこに小さな経済が生まれ、その仕組みがまた人々の新たな交流や教育、景観維持などにつながっていく姿が見られるようになりました。

郷の駅ができて1年。川西地区では毎日の暮らしが便利になるとともに交流が活性化し、地域活性化への新たな可能性を実感しています。一方、産直市場の販売数がまだ小さく、必然的に出荷数は抑えられており、また交流スペースが狭く、大人数対応ができないなど、課題はまだ多くあります。

将来的には、農村レストラン構想や太陽光などの自然エネルギーの活用、地域内交通と出荷配送の組み合わせ、多様な世代の福祉拠点の場づくり、防災拠点としての機能充実などの夢を描いています。

豊かな自然と地域資源を生かしながら地域課題を解決していく仕組みは、これからも持続可能な小さな地域経済循環を生み続けていくと考えています。川西地域の「田舎暮らしが楽しい里づくり」ビジョンはこのように、多様なつながりのなかで実現しつつあります。

川西の歌を収録したCDをつくるために結成した地域住民による合唱隊。収録日には80人近いメンバーが集まった。このとき、川西ならではのポーズ「かわに"C"」が誕生した

昔から評判の高かった川西の餅とあんこの味を引き継いだ加工グループが、郷の駅組織内にできた。元Aコープ施設を改装して、人気の特産品を生み出している

「川西よりみちライド&ウォーク」。郷の駅を拠点として、川西の地域文化や人々との交流を楽しんでいただくイベントとして、実行委員会方式で実施。地域内外から70名余りが参加した

ここがポイント！

郷の駅を拠点として域内外の人の交流が生まれ、小さな経済が活性化していく可能性が広がってきました。

第7章

「小さな拠点」の
未来学

循環型社会の基本ユニットの「核」として

「小さな拠点」は、中山間地域で進んでいる人口減少など
に対する単なる対症療法ではありません。私たちが究極的
に生存の礎としているものは、自然の資源であり生態系で
す。循環型社会とは、自然の「元本」を取り崩すのではな
く、自然が毎年生み出す「利子」を活用して生きていくこと
を意味します。

「小さな拠点」が、循環型社会を構成する基本ユニット＝
「循環自治区」の核に進化していくことを期待します。そし
て、その進化は、地域同士の広範なネットワークによりさら
に促進されます。

1 循環型社会における「細胞」の「核」へと進化 ── 基本ユニット「循環自治区」の結節拠点として

「小さな拠点」は、循環型社会における「細胞」となる基本ユニット「循環自治区」の核として、地域内外の循環系を結節する拠点へ進化していくことが期待されます。

循環型社会に対応した地元からの拠点の組み直し

20世紀から世界的に広まった「大規模・集中」原理にともなう成長志向の経済においては、地元にあった小規模拠点は、域外の大規模拠点に押され、次々に消えていきました。化石燃料がもたらす安価な輸送システムにより、近隣の農地・森林よりも遠隔地の大規模産地で生産されたものが安く大量に供給されたからです。居住形態も、団地やマンションのように、大規模拠点に近接した大規模集中型の居住が条件優位となったわけです。

しかしこの経済の仕組みは、一度使うとなくなる自然の「元本」である化石燃料などに決定的に依存しており、地球規模の資源枯渇だけでなく、地球温暖化という燃焼後の二酸化炭素の「捨て場」枯渇問題にも直面しています。自然の「元本」を一方通行の浪費により取り崩さず、毎年の再生可能な「利子」部分をうまく分配し、社会経済を回していく文明が求められています。これが、循環型社会への転換が望まれる理由です。

図7-1 循環型社会に対応した拠点の組み直し

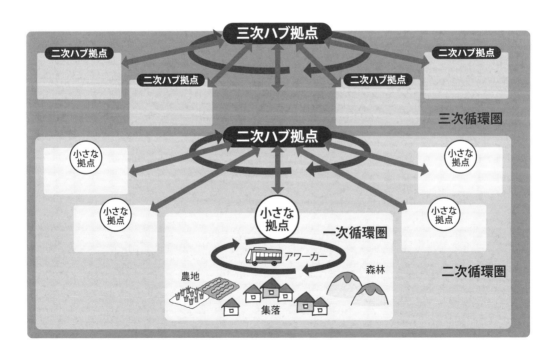

循環型社会においては、まず近隣の再生可能資源を近接利用する一次循環圏を創設することが、その出発点となるでしょう。そして、その一次循環圏で足りないものは、その周囲の一次循環圏同士で融通し合うことになります。こうして、二次的なハブ拠点によって相互に結ばれた二次循環圏が形成されます。この二次循環圏でも、まだ不足するエネルギーや資源、製品などがあることでしょう。こんどは、二次循環圏同士をつないで相互調整する三次のハブ拠点と循環圏が形成されます。

　「小さな拠点」は、重層的な循環圏の基礎を担う一次循環圏において地域内外の循環フローを結節する拠点機能を果たすことが期待されます。循環型社会の時代において、拠点を再び地元から組み直していくのです。

あらゆる生物の基礎ユニット「細胞」をお手本に

　このような循環型社会の基礎を担う一次循環圏とその核である拠点のお手本は、あらゆる生き物の基礎ユニットである「細胞」に求めるべきでしょう。

　人間も動植物もその基本単位は細胞です。すべての細胞は、情報センターとしての核やエネルギーセンターであるミトコンドリアを有する自律的な循環圏となっています。細胞の中には血管も神経も通っておらず、栄養素なども異なる原理・機能・方式により最小コストで内部循環しているのです。私たちの身体は、最初は一つの受精卵細胞を次々とつなぎ合わせ、全体としても極めて効率のよい循環システムをつくっています。やはり、まず一番基礎となる循環ユニットを形成し、それを重層的に組み合わせていくことが持続可能な循環系構築のポイントなのです。機能などは異なっていても基本構造が共通のユニットを土台にすることで、初めて相互の連携が体系的に設計できます。

　数十億年の進化の歴史で選び取られたシステムは、われわれ人間社会よりも格段に精巧にできています。私たちの地域社会も、そろそろ自らの「細胞」並みに進化すべき時ではないでしょうか。

ここがポイント！

　植物の細胞になると葉緑素が備わり、自前で太陽光により光合成を行い、炭水化物を生産することができます。生き物の驚異的な力はすべて細胞が源となっています。

2 これからの重層的な循環圏のデザイン
──「循環自治区」「定住循環圏」「ブロック循環圏」の構築

「小さな拠点」が結節拠点を担う一次循環圏を土台として、より高次・広域の循環圏を積み上げていくことで、圏域内の循環率が次第に高まっていきます。

三重の循環圏を有機的につないでいく

「小さな拠点」の形成が求められる一次循環圏は、日常的な生活の舞台である小学校区などの一次生活圏に対応し、おおむね300人から3,000人くらいで形成されます。これを、循環型社会の基本ユニットとして住民が自律的に運営する「循環自治区」と呼びましょう。

「循環自治区」単独で、閉鎖的な自給自足を必ずしも達成できるわけではありません。現在の地方都市圏（3万～30万人）などに対応する高校や総合病院などを有する二次的生活圏程度の範囲を「定住循環圏」と呼び、個々の「循環自治区」で不足する資源や機能を、二次ハブ拠点が中継点となり、この圏内で相互補完していきます。

「定住循環圏」全体においても不足するより高次な機能や産物などは、地方ブロック単位で域外へのゲートウェイ拠点（＝ブロック拠点）などを整備し、補完していきます。三つの循環圏ごとに異なる輸送モードと検討課題群があり、それぞれの結節拠点が域内外をつなぐ二重の結節拠点として機能するなかで、有機的な連携を実現していきます。

図7-2 循環型社会に求められる三重の循環圏の構築イメージ

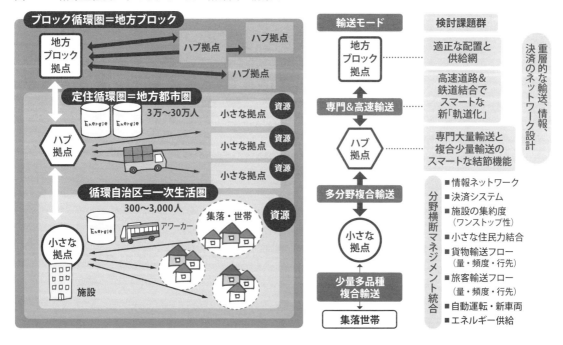

持続可能な環境管理の圏域も重層的に

　このような三重の循環圏を持続可能な形でマネジメントしていくためには、それぞれの段階における暮らしを支える「経済圏フロー」と自然に関わる「環境圏フロー」を把握し、両者のバランスができるだけ身近なエリア内で高まるような体系づくりが望まれます。

　まず「小さな拠点」が形成される「循環自治区」レベルにおいて、「経済圏」フローが生み出す消費や浄化にともなう環境負荷（＝「暮らし高」）を低減するとともに、「環境圏フロー」が生み出す生産・浄化能力（＝「資源高」）を安定的に引き出すことにより、域内の循環率を高めていきます。そのため、「小さな拠点」には、エネルギーや交通部門の拠点機能だけでなく、「循環自治区」のマテリアルフローを集約・分析する環境管理の機能や人材配置（＝グリーンマネージャー）も求められることでしょう。

　「循環自治区」内での100％域内循環はあり得ないので、より高次の「定住循環圏」や「ブロック循環圏」内における相互調整も当然必要です。そうした輸送システムに関わる環境負荷も「循環自治区」単位で積み上げていく必要があります。トータルの環境負荷が地域人口との関係で持続可能なレベルに収まるような環境マネジメントの仕組み（＝「21世紀の石高」制）[*1]を展望すべきではないでしょうか。

図7-3　重層的な循環圏に対応した環境管理の体系イメージ～「21世紀の石高」制

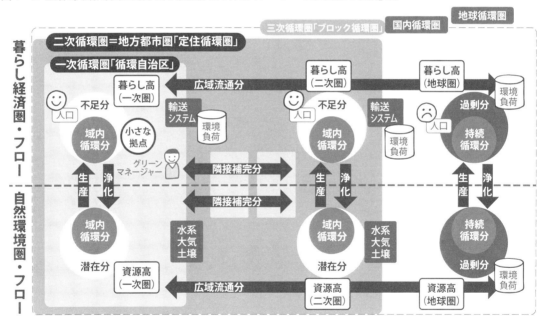

※藤山と豊田が進めている「21世紀の石高」調査コンセプトをもとに作成。

ここがポイント！

　江戸時代において1人を養う土地の扶養力を1石としていました（石高制）。環境の世紀とされる21世紀、持続可能な扶養力を地元単位で計算していきたいですね。

*1：「21世紀の石高」制については本シリーズ『「地域人口ビジョン」をつくる』第7章第6節を参照。

3 都市にも新しい拠点が必要
—— 地方都市中心部に「ハブ拠点」、郊外住宅地にも「小さな拠点」を

都市周辺部の「小さな拠点」と連動して、地方都市中心部には「ハブ拠点」が必要です。そして、高齢化が進む郊外住宅地にも「小さな拠点」が必要ではないでしょうか。

地方都市中心部に「ハブ拠点」を創り直す

　地方都市圏においては、周辺部の「小さな拠点」形成と連動して、その中心部に「定住循環圏」全体のハブ機能と、より高次な「ブロック循環圏」とのゲートウェイ機能を有する「ハブ拠点」が必要となります。

　もともと多くの地方都市は、近隣農山漁村からの生産物を中心とした市場町として発展してきました。循環型社会においては、地方都市全体の人とモノの流れをつなぎ直さなければなりません。そのためには、郊外に分散した病院や卸売市場などの機能をもう一度中心部に集約し直します。周辺の「小さな拠点」とは、人もモノも同時に複合輸送するネットワークで結びます。広域のブロック拠点とは、将来的には高速道路と鉄道が相互に乗り入れる新たな軌道システムが担う高速輸送ネットワークに切り替えて運ぶのです。各種の施設が集約されれば、域内のバイオマスなどの再生可能エネルギーを用いた集中冷暖房システムの設置も有望となります。

図7-4　地方都市中心部に形成される「ハブ拠点」(=マルチコア)

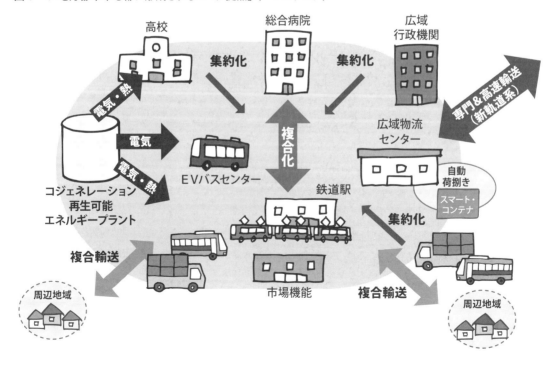

郊外住宅地と田園地域をつなぐ「小さな拠点」をつくる

かつて都市郊外に大規模に造成された郊外住宅地では、2010年代に入り、高齢化や人口減少が進んでいます。地域内にあったスーパーなどが閉店となり、買い物に苦労しているところもあります。また、近年の集中豪雨災害などに見られるように、郊外住宅地は災害に脆弱で、ライフラインが停まると途端にエネルギーや水、食料の確保が困難になります。

いまや郊外住宅地にも、「小さな拠点」が必要です。定年退職して地元で暮らす時間が増えた人々にとって、改めて住民同士の交流が重要となっています。周辺に広がる田園地域とはそれまでほとんど交流がなかった住宅地ですが、改めて共同で「小さな拠点」を形成し、災害時も含めて相互乗り入れで助け合う

都市郊外の大規模住宅地[左]と地域内の閉店したスーパー[上]

仕組みづくりを進めてはいかがでしょうか。たとえ隣接していなくても、近隣の中山間地域の「小さな拠点」とパートナーエリアとして連携していくような発想を期待したいと考えています。

図7-5 郊外住宅地と周辺の田園地域をつなぐ「小さな拠点」イメージ

ここがポイント！

都市も循環型社会へと進んでいく必要があります。すぐにエネルギーなどの自給は無理としても、中山間地域とも共同して環境負荷を低減する拠点づくりが大切です。

4 「小さな拠点」が共進化するマス・ローカリズム手法 — トップダウンからボトムアップ＆ネットワークへ

地域ごとの主体性・固有性に根ざして形成・運営していく「小さな拠点」。これまでのトップダウンに代わる進化や支援の方法論とはどういったことでしょう。

同時多発的な試行錯誤をもとに政策形成と地域同士の学び合いへ

「小さな拠点」は、本来的に地域ごとの主体性、固有性に立脚して形成・運営していくものです。したがって、「中央」からの「これさえやればよい」というトップダウン方式は機能しません。イギリスでは近年、マス・ローカリズム（mass localism）と称して、地域の主体性・個性に基づいた取り組みを同時進行させ、その成果を広く共有することで国全体としても大きな成果を達成するボトムアップ的な地域政策手法が注目されています[*2]。

まず「小さな拠点」という共通の目標に向かって、数十、数百の地域をネットワークし、同時進行でチャレンジしてみます。そうした数多くの試行錯誤から共通する阻害要因や促進要因を抽出し、エビデンスに基づく共通政策として基盤整備や制度改革を行うのです。また、多様な特性をもつ地域の成功例や失敗例が広く共有されることで、地域相互の学び合いが促進されます。つまり、生態系と同じく、試行錯誤により優れたものへと変異したDNAをすばやく普及させ、蹴落とし合いではない「共進化」を実現するのです。

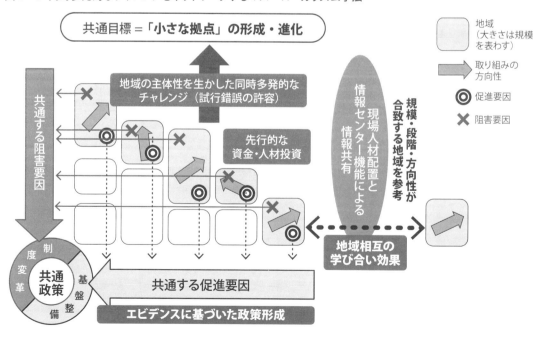

図7-6 同時多発的なチャレンジをネットワークするマス・ローカリズム手法

市町村、都道府県、全国での「小さな拠点」ネットワーク形成へ

「小さな拠点」の進化は個々の地域発のものですが、「孤軍奮闘」に終わらせないためには、市町村・都道府県・全国それぞれのレベルでともに学び合い、磨き合う「リーグ戦」のようなネットワークづくりが必要です。

市町村では、自治体全体としての「小さな拠点」形成プランと分野横断型支援チームをつくり、地区単位の取り組みを他地区へと波及させる仕組みを構築します。都道府県では、大学や研究機関とも連携し、これまた分野横断型の現場支援チームや政策検討チームもつくります。そして、市町村単位では難しい専門性の高い研修会・講座などを開き、市町村を超えた共進化を支援します。全国レベルとしては、一定の独立性を有する「小さな拠点」の協議会組織や情報センター機能を立ち上げ、公平かつ客観的立場で個々の「小さな拠点」のがんばりをサポートするような体制がベストです。第2章で紹介した高知県の集落活動センター協議会は、よい先行事例です。

こうした重層的な学び合いに参加する「小さな拠点」や地域が増えるほど、全体としての多様性が増し、課題解決の新たな「引き出し」と可能性が開拓されていくのです。

図7-7 市町村・都道府県・全国を重層的につなぐ「小さな拠点」ネットワーク

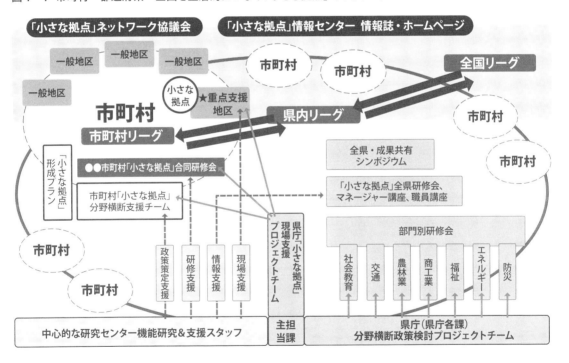

ここがポイント！

「小さな拠点」には、共通する成功の方程式はありません。地域同士が成功例・失敗例を共有し、学び合い磨き合い、ともに進化しましょう。

*2：Laura Bunt and Michael Harris. *MASS LOCALISM : A way to help small communities solve big social challenges.* NESTA，2010

おわりに
──「小さな拠点」は「共生」の拠点

　21世紀の地域社会の命題は、全面的な競争社会と化しつつある現代にあって、「共生」を創り直すことではないでしょうか。

　いまや新自由主義に基づく競争原理への傾倒は、世界全体においても、１％の勝者が残り99％を超える富を独占するまでに至っています。グローバリズムとは、こうした地球規模の醜悪な蹴落とし合いを意味していたのでしょうか。そうであれば、私たちは、新しい社会のかたちを目指すべきです。

　私は、世界は無数の「地元」からできていると信じています。それは、生態系が地球全体としてつながりをもちながらも、それぞれの地域において独自の生態系や生物種を進化させている事実にも対応しています。人間もまた生き物なのです。

　そして、無数の「地元」からできている多様性こそ、私たちの世界の美しさと持続性を創っているのではないでしょうか。真のグローバリズムとは、そうした世界のあり方を意味します。

　この本では、「小さな拠点」をさまざまな角度から考えてきました。そしていま、私は、「小さな拠点」の「大きな役割」は、それぞれの「地元」から世界に「共生」を創り直していくための起点となることだと思い至っています。

「小さな拠点」は、３通りの「共生」を創り直していきます。

　第一は、地元の地域社会における住民同士の「共生」です。隣同士まで競争に駆り立てられる世の中に幸せを感じる人は、あまりいないでしょう。交通や経済の分野で説明したように、身近な人間同士、競争し合うより協力し合うほうが、実り多い結果となります。

　第二は、人間と自然との共生です。あまりに大規模・集中化したシステムでは、消費が自然の再生速度を上回り、持続不可能となっています。小規模で分散したシステムを地域内の生態系に埋め込み直す転換が必要です。

　第三は、地域社会同士の共生です。繁栄している生物種と同じように、地域社会同士がお互いの多様性を認め、そのうえで補完し合ったり、優れた遺伝子を伝え合ったりすることで、進化の速度は驚くほど高まります。

　このような「共生」の仕組みを甘い考えだと笑う人もいるかもしれません。しかし、本当にそうでしょうか。

　進化理論の研究者・吉村仁は、長い進化の歴史を見通したうえで、こう述べています。

「『強い者』は最後まで生き残れない。最後まで生き残ることができるのは、他人と共生・協力できる『共生する者』であることは『進化史』が私たちに教えてくれていることなのである[1]。」

ひとり勝ちを是とする競争原理だけでは、生物種としても生態系としても環境変化に対応できす、長い目で見ると滅びの道へとつながるのです。もちろん競争原理をすべて否定しているわけではありません。しかし、競争原理が働く世界だからこそ、助け合える者同士が勝ち残るという逆説が成立するのではないでしょうか。

　グローバルに巨大化した経済システムのなかで、私たちの多くは、自分たちにできることはあまりないという無力感に苛まれています。「小さな拠点」は、身近な地域から一人ひとりの小さな力を紡いで始めていくことができます。そうした小さな共生の成果を、身近なところで確かめることができます。それは、勇気の連鎖となって人々をまた強く広くつないでいきます。私たちにできることはあるのです。

　それは、ちょうど無数の小さな植物細胞が葉緑素を共生者として内部に取り入れ地球全体の大気を酸素で満たしていったように、「小さな共生」が広がり続けることができれば、やがて循環型社会を実現するような大きな変革をもたらしていくでしょう。

　そして、「小さな拠点」は、何も文明的転換のためだけに誕生したのではありません。「いまだけ・自分だけ・お金だけ」にとどまらない「共生」の暮らしを営むことは、美しい記憶と風景をそれぞれの「地元」に刻むことにほかなりません。

　私たち一人ひとりの生きた証が遺る地域社会を目指すなかで、「小さな拠点」を手間暇かけて育てていきたいものです。

2019年10月

持続可能な地域社会総合研究所

藤山　浩

*1：吉村仁『強い者は生き残れない―環境から考える新しい進化論』新潮選書、2009年。

用語解説 (五十音順)

■関係人口

ある地域に移住した「定住人口」でも、たまたま観光に訪れた「交流人口」でもない、地域や地域の人々と継続的に関わる人々のことを指す。人口減少・高齢化のなかで、「関係人口」と呼ばれる地域外の人材が地域づくりの一翼を担い、都市と農村のつなぎ役となることが期待されている。

■郷の駅

中山間地域の分散的居住を支える新しい結節機能空間として、筆者（藤山）が2005年頃から提唱した。おおむね人口300～3,000人程度の小学校区・公民館区において、域内外をつなぐ旅客・貨物のターミナル機能だけでなく、コミュニティ、行政、商業、金融、医療、福祉、教育など暮らしを支える施設がそろう複合的な拠点を想定している。この構想は2013年から国土交通省が政策として打ち出した「小さな拠点」に引き継がれている。

■市町村版総合戦略

人口減少と地方経済縮小の危機が叫ばれるなか、政府は「まち・ひと・しごと創生本部」を創設し、人口減少に歯止めをかけ、東京への人口一極集中を是正するため、2015～2019年の総合戦略を策定した。あわせて、地方自治体に対し、人口ビジョンと総合戦略を立案するよう要請した。その際、市町村ごとに策定された総合戦略が「市町村版総合戦略」である。

■地域運営組織

小学校区または旧小学校区（おおむね昭和の大合併で消滅した旧村エリア）を活動範囲とし、地域で暮らす人々が地域課題の解決に向けた取り組みを持続的に実践する組織。市町村合併や高齢化にともなう地縁型コミュニティの弱体化、さまざまなサービスの撤退といった状況のなかで、従来の自治・相互扶助を超えて、自治会・町内会や公民館をはじめ、地域にあるさまざま主体が地域生活や暮らしを支える活動を行っている。

本書で取り上げた島根県雲南市では、合併を契機に小学校区単位で集落機能を補完する新たな自治組織を市全体で位置づけており、「小規模多機能自治」による地域運営（自主）組織の先駆事例として注目されている。

■ハブ拠点

自転車のハブは車輪の中心軸で、スポークが集中しているパーツ。転じて、交通や物流の結節点となるところをハブと呼ぶ。たとえば、「ハブ空港」は各地からの航空路線が集中し、乗客や貨物を目的地となる他の空港に中継する機能を備えている空港であり、「ハブ拠点」はいくつかの拠点を束ね、結節点となる拠点をいう。

■マス・ローカリズム (mass localism)

地方から同時多発的に問題解決へのアプローチが行われていくことで、地域の小さな取り組みが他地域でも活用可能な大きな取り組みになっていくことをいう。これからの地域政策の実現には、多くの地域社会のデータ・事例を全国的に共有し、地域・自治体同士の「学び合い」「磨き合い」を促進することが求められている。

■FIT

Feed-in Tariffの略。「再生可能エネルギーの固定価格買取制度」。太陽光や風力、木質バイオマスといった再生可能エネルギーで発電した電気を、国が決めた価格で買い取るよう電力会社に義務づける制度のこと。わが国では2012年7月1日、再生可能エネルギー特別措置法の施行によって、本格的にスタートした。

編著者

藤山 浩 ふじやま・こう
一般社団法人持続可能な地域社会総合研究所所長。博士（マネジメント）。1959年、島根県生まれ。一橋大学経済学部卒業。広島大学大学院社会科学研究科博士課程修了。広島県立高等学校教諭、㈱中国・地域づくりセンター主任研究員、島根県中山間地域研究センター研究統括監、島根県立大学連携大学院教授などを経て、2017年4月、持続地域総研を設立、現職に。主著は『田園回帰1％戦略』（農文協 2015年）。ほかに著書として、『これで納得！集落再生──「限界集落」のゆくえ』（共著 ぎょうせい 2011年）、『地域再生のフロンティア』（共編著 農文協 2013年）、『世界の田園回帰』（共編著 農文協 2017年）などがある。島根県益田市の中山間地域の集落に居住し、暖房や風呂に薪を愛用している。

共同執筆者

豊田知世 とよた・ともよ……第5章 第2節、第3節、第4節
島根県立大学総合政策学部准教授。1981年、岡山県生まれ。広島大学大学院国際協力研究科博士後期課程修了。専門は環境経済学、開発経済学、環境システム。著書に『グローバライゼーションの中のアジア──新しい分析課題の提示』（共著 弘前大学出版会 2013年）などがある。

浦田 愛 うらた・あい……第6章 第4節、第5節、第6節
NPO法人ほしはら山のがっこう副理事長・ふるさと自然体験塾長。NPO法人環境パートナーひろしま副理事長。1972年生、福岡市出身。大学（児童教育）卒業後、広島県三次市川西地区に単身移住し、結婚定住。ふるさとを100年後の子どもたちにつなぐ教育、まちづくりに取り組む。川西地区集落支援員、まめな川西いつわの里づくり委員。

図解でわかる 田園回帰1％戦略
「小さな拠点」をつくる

2019 年 12 月 15 日　第1刷発行
2021 年 7 月 30 日　第2刷発行

編著者 ──────── 藤山 浩

発行所 ──────── 一般社団法人　農山漁村文化協会
〒107-8668　東京都港区赤坂7-6-1
電話＝03-3585-1142（営業）　03-3585-1145（編集）
FAX＝03-3585-3668
振替＝00120-3-144478
URL＝http://www.ruralnet.or.jp/

ISBN978-4-540-17106-2　〈検印廃止〉
©Ko Fujiyama 2019 Printed in Japan

造本・DTP ──── 島津デザイン事務所
印刷・製本 ──── 凸版印刷㈱

定価はカバーに表示
乱丁・落丁本はお取り替えいたします。

series 田園回帰 全8巻

「地方消滅」のイメージとは裏腹に、
いま都市から農山村へ、それも「田舎の田舎」への若い世代を含めた移住の動きが目立っている。
この「田園回帰」の動きを明らかにするとともに、農山村が移住者を含めて
どのように仕事や地域をつくっていくかを、その担い手の価値観や生き様を含めて描く。
さらにそれらを地区や自治体で戦略化する手順を示し、「都市農山村共生社会」を展望する。

第1巻 田園回帰1％戦略

藤山浩 著

毎年人口の1％だけ定住者を増やせば、地域は安定的に持続可能。その仕事を生み出す地域内循環の強化による所得の取り戻し戦略も提案。

第2巻 総力取材 人口減少に立ち向かう市町村

『季刊地域』編集部 編

U・Iターンの受け入れ、地元出身者との関係づくりなど、先進地域の戦略と組織を自治体と地域住民の両面からレポート。

第3巻 田園回帰の過去・現在・未来

小田切徳美・筒井一伸 編著

移住者受け入れの先発地域の分析や全国の移住者からの聞き取りなどに基づき、移住のハードルを乗り越え、新しい地域をつくる道を展望する。

第4巻 交響する都市と農山村

沼尾波子 編著

都市と農山村を往来する若者の新しい生き方。それを支えるNPOや行政の取り組みなどから、都市と農村の連携・交流のあり方を問う。

第5巻 ローカルに生きる ソーシャルに働く

松永桂子・尾野寛明 編著

田舎に移り住むだけではなく、地域の課題にこたえる仕事をつくる人々の生き方・働き方を、都会での場づくりの動きとあわせて描く。

第6巻 新規就農・就林への道

『季刊地域』編集部 編

第三者継承、集落営農や法人への雇用など、多様化する新規就農・就林の形。農林業と地域の担い手を育てるポイントを「里親」農家などが解説。

第7巻 地域文化が若者を育てる

佐藤一子 著

遠野の昔話、飯田の人形劇、庄内の食……地域文化を子どもや若者がどう引き継ぎ、田園回帰志向がどのように生まれているかを問う。

第8巻 世界の田園回帰

大森彌・小田切徳美・藤山浩 編著

フランス、ドイツ、イタリア、英国、オーストリアなど11ヵ国の動きをとらえ、日本の田園回帰の課題を浮き彫りにするシリーズ総括編。

A5判並製　平均230頁　各巻＝本体2200円＋税　セット価＝本体17600円＋税